乡村振兴特色优势产业培育工程丛书
编委会

本书编写人员

主　　编：毛永民

副 主 编：王晓玲　王　雨　吴翠云　王　磊

编写人员：（按姓氏笔画排序）

王　超　江振斌　李明昆　吴玉华

张迎春　周荣飞　曹作彬

本书评审专家

（按姓氏笔画排序）

王瑞元　李金花　李俊雅　李聚桢　吴燕民

张忠涛　陈昭辉　赵世华　饶国栋　聂　莹

裴　东　谭　斌　薛雅琳

— 乡村振兴特色优势产业培育工程丛书 —

中国南疆红枣产业发展蓝皮书

（2024）

中国乡村发展志愿服务促进会 组织编写

中国出版集团有限公司
研究出版社

图书在版编目 (CIP) 数据

中国南疆红枣产业发展蓝皮书 . 2024 / 中国乡村发展志愿服务促进会组织编写 . — 北京 : 研究出版社，2025．7. — ISBN 978-7-5199-1905-4

Ⅰ . F326.274.5

中国国家版本馆 CIP 数据核字第 20252JQ393 号

出 品 人：陈建军
出版统筹：丁　波
责任编辑：林　娜

中国南疆红枣产业发展蓝皮书（2024）

ZHONGGUO NANJIANG HONGZAO CHANYE FAZHAN LANPI SHU (2024)

中国乡村发展志愿服务促进会　组织编写

研究出版社 出版发行

（100006　北京市东城区灯市口大街 100 号华腾商务楼）

北京建宏印刷有限公司印刷　新华书店经销

2025 年 7 月第 1 版　2025 年 7 月第 1 次印刷

开本：710 毫米 ×1000 毫米　1/16　印张：16

字数：253 千字

ISBN 978-7-5199-1905-4　定价：68.00 元

电话（010）64217619　64217652（发行部）

编写说明

习近平总书记十分关心乡村特色产业的发展，作出一系列重要指示。2022年10月，习近平总书记在党的二十大报告中指出："发展乡村特色产业，拓宽农民增收致富渠道。巩固拓展脱贫攻坚成果，增强脱贫地区和脱贫群众内生发展动力。"同月，习近平总书记在陕西考察时强调，产业振兴是乡村振兴之重中之重，要坚持精准发力，立足特色资源，关注市场需求，发展优势产业，促进一二三产业融合发展，更多更好惠及农村农民。2023年4月，习近平总书记在广东考察时要求，发展特色产业是实现乡村振兴的一条重要途径，要着力做好"土特产"文章，以产业振兴促进乡村全面振兴。2024年4月，习近平总书记在重庆主持召开的新时代推动西部大开发座谈会上强调，要坚持把发展特色优势产业作为主攻方向，因地制宜发展新兴产业，加快西部地区产业转型升级。

为贯彻落实习近平总书记的重要指示和党的二十大精神，紧密围绕"国之大者"，按照确保重要农产品供给和树立大食物观的要求，中国乡村发展志愿服务促进会认真总结脱贫攻坚期间产业扶贫经验，启动实施"乡村特色优势产业培育工程"，选择油茶、油橄榄、核桃、杂交构树、酿酒葡萄，青藏高原青稞、牦牛，新疆南疆核桃、红枣9个特色优势产业进行重点培育。这9个产业，都事关国计民生，经过多年的努力特别是脱贫攻坚期间的工作，具备了加快发展的基础和条件，不失时机地促进实现高质量发展，不仅是必要的，而且是可行的。中国乡村发展志愿服务促进会动员和聚合社会力量，促进发展木本油料，向山地要油料，加快补齐粮棉油中"油"的短板，是国之大者。促进发展核桃、杂交构树等，向植物要蛋白，加快补齐肉蛋奶中"奶"的短板，是国之大者。促进发展青藏高原青稞、牦牛和新疆南疆核桃、红枣，促进发展西北地区葡萄酒产业，是脱贫地区巩固拓展脱贫攻坚成果和实现乡村产业振兴的需要，也是实现农民特别是脱贫群众增收的重要措施。通过培育重点企业、强化科技支撑、扩大市场销售、对接金融资源、发布蓝皮书等工作，努力实现产业发展、农民增收、企业盈利、消费者受益的目标。

发布蓝皮书是培育工程的一项重要内容，也是一项新的工作。旨在普及产业知识，记录产业发展轨迹，反映产业状况，推广良种良法，介绍全产业链开发的经验做法，对产业发展进行预测、展望，营造产业发展的社会氛围，加快实现高质量发展。从2023年开始，我们连续编写出版了9个产业发展的蓝皮书，受到社会欢迎和好评。

2025年的编写工作中，编委会先后召开编写提纲讨论会、编写调度会、专家评审会等一系列重要会议。经过半年多的努力，丛书成功付梓面世。丛书的编写与出版，得到了各方的大力支持。在此，我们诚挚感谢所有参加蓝皮书编写的人员及支持单位，感谢评审专家，感谢出版社及各位编辑，感谢三峡集团公益基金会的支持。尽管已是第三年编写，但由于对9个特色产业发展的最新数据掌握不够全面，加之能力有限，书中难免存在疏漏谬误，欢迎广大读者批评指正。

下一步，我们将深入贯彻习近平总书记关于发展乡村特色产业的重要指示精神，密切跟踪9个特色产业的发展情况，加强编写工作统筹，进一步提升编写质量，力求把本丛书编写得更好，为乡村特色优势产业的发展贡献力量，助力乡村全面振兴。

丛书编委会

2025年5月

代 序

乡村振兴特色优势产业培育工程实施方案

中国乡村发展志愿服务促进会

2022年7月11日

民族要复兴，乡村必振兴。脱贫攻坚任务胜利完成以后，"三农"工作重心历史性转到全面推进乡村振兴。为贯彻落实习近平总书记关于粮食安全的重要指示精神，落实《国家乡村振兴局 民政部关于印发〈社会组织助力乡村振兴专项行动方案〉的通知》（国乡振发〔2022〕5号）要求，中国乡村发展志愿服务促进会（以下简称促进会）认真总结脱贫攻坚期间产业扶贫经验，选择油茶、油橄榄、核桃、酿酒葡萄、杂交构树，青藏高原青稞、牦牛，新疆南疆核桃、红枣9个特色优势产业进行重点培育，编制《乡村振兴特色优势产业培育工程实施方案》（以下简称《实施方案》）。

一、总体要求

（一）指导思想

以习近平新时代中国特色社会主义思想为指导，全面贯彻习近平总书记关于"三农"工作的重要论述，立足新发展阶段，贯彻新发展理念，构建新发展格局，落实高质量发展要求。按照乡村要振兴、产业必先行的理念，坚持"大食物观"，立足不与粮争地，坚守18亿亩耕地红线，本着向山地要油料、向构树要蛋白的思路，加快补齐粮棉油中"油"的短板、肉蛋奶中"奶"的短板，持续推进乡村振兴特色优势产业培育工程。立足帮助优质农产品出村进城，不断丰富市民的"米袋子""菜篮子""果盘子""油瓶子"，鼓起脱贫地区人民群众的"钱袋子"。立足推动农业高质高效、乡村宜居宜业、农民富裕富足，为全面推进乡村振兴、加快农业农村现代化提供有力支撑。

（二）基本原则

——坚持政策引导，龙头带动。以政策支持为前提，积极为产业发展和参与企业争取政策支持。尊重市场规律，发挥市场主体作用，择优扶持龙头企业做大做强，充分发挥龙头企业的示范带动作用。

——坚持突出重点，分类实施。突出深度脱贫地区，遴选基础条件好、带动能力强的企业，进行重点培育。按照"分产业、分区域、分重点"原则，积极推进全产业链发展。

——坚持科技支撑，金融助力。加强对特色优势产业发展的科研攻关、科技赋能作用，促进科研成果及时转化。对接金融政策，促进企业不断增强研发能力、生产能力、销售能力。

——坚持行业指导，社会参与。充分发挥行业协会指导、沟通、协调、监督作用，帮助企业加快发展，实施行业规范自律。充分调动社会各方广泛参与，"各炒一盘菜，共办一桌席"，共同助力产业发展。

——坚持高质量发展，增收富民。坚持"绿水青山就是金山银山"理念，帮助企业转变生产方式，按照高质量发展要求，促进产业发展、企业增效、农民增收、生态增值。

（三）主要目标

对标对表国家"十四五"规划和2035年远景目标纲要，设定到2025年、2035年两个阶段目标。

——到2025年，布局特色优势产业培育工程，先行试点，以点带面，实现突破性进展，取得明显成效。完成9个特色优势产业种养适生区的划定，推广"良种良法"，建设一批生产基地。培育一批龙头企业、专业合作社和家庭农场等市场主体，建立重点帮扶企业库，发挥引领带动作用。聘请一批知名专家，建立专家库，做好科技支撑服务工作。培养一批生产、销售和管理人才，增强市场主体内生动力，促进形成联农带农富农的帮扶机制。

——到2035年，特色优势产业培育工程形成产业规模，实现高质量发展。品种和产品研发取得重大突破，拥有多个高产优质品种和市场占有率高的产品。种养规模与市场需求相适应，加工技术不断创新，产品质量明显提升，销售盈利能力不断拓展，品牌影响力明显增强。拥有一批品种和产品研发专家，一批产业发展领军人才和产业致富带头人，一批社会化服务专业人才。市场主体发展壮大，实现一批企业上市。联农带农富农帮扶机制更加稳固，为共同富裕添砖加瓦，作出积极贡献。

二、重点工作

围绕特色优势产业培育工程目标，以"培育重点企业、建立专家库、实施消费帮、搭建资金池、发布蓝皮书"为抓手，根据帮扶地区自然禀赋和产业基础条件，做好五项重点工作。

（一）培育重点企业

围绕中西部地区，特别是三区三州和乡村振兴重点帮扶县，按照全产业链发展的思路遴选一批产业基础好、发展潜力大、创新能力强的企业，建立重点帮扶企业库，作为重点进行培育。对有条件的龙头企业，按照上市公司要求和现代企业制度，从政策对接、金融支持、消费帮扶等方面进行重点培育，条件成熟的推荐上市。

（二）强化科技支撑

遴选一批品种研发、产品开发、技术推广、工艺研究等方面的专家，建立专家库，有针对性地对制约产业发展的"卡脖子"技术难题进行联合攻关。为企业量身研发、培育种子种苗，用"良种良法"助力企业扩大种养规模。加强产品研发攻关，提高产品品质和市场竞争力。充分发挥企业家在技术创新中的重要作用，鼓励企业加大研发投入，承接和转化科研单位研究成果，搞好技术设备更新改造，强化科技赋能作用。

（三）扩大市场销售

帮助企业进行帮扶产品认定认证，给帮扶地区产品提供"身份证"，引导销售。利用促进会"帮扶网""三馆一柜"等平台和载体，采取线上线下多种方式销售。通过专题研讨、案例推介等形式，开展活动营销。通过每年发布蓝皮书活动，帮助企业扩大影响，唱响品牌，进行品牌销售。

（四）对接金融资源

帮助企业对接国有金融机构、民营投资机构，引导多类资金对特色优势产业培育工程进行投资、贷款，支持发展。积极与有关产业资本合作，按照国家政策规定，推进设立特色优势产业发展基金，支持相关产业发展。利用国家有关上市绿色通道，帮扶企业上市融资。

（五）发布蓝皮书

组织专家编写分产业的特色优势产业发展蓝皮书。做好产业发展资料收集、整理、分析工作，加强国内外发展情况对比分析，在总结分析和深入研究的基础上，按照蓝皮书的基本要求组织编写，每年6月前对外发布上一年度产业发展蓝皮书。

三、保障措施

（一）组建项目组

促进会成立项目组，制定《实施方案》并组织实施。项目组动员组织专家、企业家和有关单位，分别成立9个项目工作组，制定产业发展实施方案并组织实施。做好产业发展年度总结，编写好分产业特色优势产业发展蓝皮书。

（二）争取政策支持

帮助重点龙头企业对接国家有关产业政策、产业发展项目。协调相关部门，加大帮扶工作力度，争取将脱贫地区重点龙头企业的产业发展规划纳入国家有关部门和有关地区的专项发展规划并给予支持。争取各类金融机构对重点帮扶龙头企业给予贷款、融资优惠，助力重点帮扶企业加快发展。

（三）坚持典型引领

选择一批资源禀赋好、发展潜力大、市场前景广的种养基地作为示范种养典型，选择一批加工能力精深、技术先进、效益良好的龙头企业作为产品加工示范典型，选择一批增收增效、联农带农富农机制好的市场主体作为联农带农富农典型。通过典型示范，引领特色优势产业培育工程加快发展。

（四）搞好社会动员

建立激励机制，让热心参与特色优势产业发展的单位和个人政治上有荣誉、事业上有发展、社会上受尊重、经济上有效益。加强宣传工作，充分运用电视、网络等多种媒体，加大舆论宣传推广力度，营造助力特色优势产业培育工程的良好社会氛围。招募志愿者，创造条件让志愿者积极参与特色优势产业培育工程。

（五）加强协调促进

充分利用促进会在脱贫攻坚阶段取得的产业发展经验和社会影响力，协调帮扶地区龙头企业对接产业政策，动员产业专家参与企业技术升级和产品研发，衔接金融资源帮助企业解决资金难题。发挥行业协会的积极作用，按照公开、透明、规范要求，帮助企业规范运行，自我约束，健康发展。

四、组织实施

（一）规范运行

在促进会的统一领导下，项目组和项目工作组根据职责分工，努力推进9个特色优势产业培育工程实施。项目组要根据产业特点组织制定专家库、重点帮扶企业库的建设与管理办法、产业发展培育项目管理办法，包括金融支持、消费帮扶、评估评价等办法，做好项目具体实施工作。

（二）宣传发动

以全媒体宣传为主，充分发挥新媒体优势，不断为特色优势产业培育工程实施营造良好的政策环境、舆论环境、市场环境，让企业家专心生产经营。宣传动员社会各方力量，为特色优势产业培育工程建言献策。

（三）评估评价

发动市场主体进行自我评价，通过第三方调查等办法进行社会评价。特色优势产业培育工程项目组组织有关专家、行业协会、企业代表，对9个特色优势产业发展情况、市场主体进行专项评价。在此基础上，进行评估评价，形成特色优势产业发展年度评价报告。

CONTENTS | 目录

I

第四章

南疆红枣产业发展重点企业和协会 / 123

第五章

南疆红枣产业发展的代表性品牌 / 159

第六章

南疆红枣产业发展效益评价 / 177

第七章

南疆红枣产业存在问题与对策 / 189

绪 论

"民以食为天"，粮食安全始终是关系国计民生的头等大事。自 2004 年起，连续 20 个中央一号文件聚焦"三农"领域，彰显了党和政府对农业农村发展的高度重视。党的十八大以来，党中央更是将粮食安全提升至治国理政的核心位置，为保障国家粮食安全和重要农产品有效供给奠定了坚实基础。我国粮食安全战略正经历从"平面农业"向"立体农业"的深刻变革。2023年中央一号文件明确提出"树立大食物观，构建多元化食物供给体系"，将木本粮油正式纳入国家粮食安全战略框架。在这一时代背景下，中国乡村发展志愿服务促进会启动的乡村振兴特色优势产业培育工程，将目光投向新疆南疆的红枣产业，既是对国家战略的精准回应，更是对边疆治理现代化的深刻探索。这颗穿越7000年农耕文明的"红色果实"，以其"铁杆庄稼"的生态韧性、"木本粮食"的战略价值、"药食同源"的健康密码、"不与粮棉争地"的生态特性，成为破解"耕地—粮食—生态"三角难题的战略支点，正在塔克拉玛干沙漠边缘书写着绿色发展的传奇。

枣是我国特色优势树种，拥有悠久的栽培历史和深厚的文化底蕴。从山东临朐出土的 1200 万年前枣叶片化石，到河南新郑裴李岗遗址、陕西西安半坡遗址中的碳化枣核，无不证明枣树在华夏大地的古老存在。《诗经》中"八月剥枣，十月获稻"的记载，标志着早在周代枣树就已进入规模化栽培阶段。历经数千年的传承与发展，枣树不仅成为我国农耕文明的重要组成部分，更形成了世界上最早的枣作农业科学体系。枣树具有抗旱、耐涝、耐盐碱、耐瘠薄等特性，是名副其实的"木本粮食"和"铁杆庄稼"。在灾荒之年，枣往往能发挥重要作用，成为百姓的救命粮。在抗日战争时期，红枣更是八路军战士的重要补给，为抗战胜利作出了不可磨灭的贡献。

枣树作为木本粮食的典型代表，其果实含糖量高、营养丰富，不仅能提供充足的能量，还具有极高的药用价值。干枣含糖量高达80%，每百克热量309千卡，与小麦、大米等主粮营养当量相仿；鲜枣维生素C含量达240~800毫克/100克，是柑橘的3~20倍、苹果的60~100倍，其"天然维生素丸"的美誉实至名归。现代药理学揭示，枣果中环磷酸腺苷（cAMP）含量为植物界之冠，这种"生命第二信使"能激活蛋白激酶A通路，调控细胞代谢周期；枣多糖可提升巨噬细胞吞噬指数，可显著增强免疫功能；三萜类化合物对癌细胞的抑制作用明显。长期食用红枣可降低心血管疾病发病率，减缓骨密度流失。这为"日食三枣，长生不老"的民间智慧提供了科学注脚。

枣树作为起源于中国的原生树种，其演化脉络与中华文明的发展紧密相连。从汉字"棗"与"棘"的构形差异，到现存的千年古枣林，都见证了中华民族对枣树的认知与利用。枣树不仅在物质层面为人们提供了丰富的食物资源，还在精神层面承载着深厚的文化内涵。在民俗文化中，枣树寓意着吉祥如意、早生贵子等美好愿景；在文学作品中，枣树常被赋予坚韧不拔、务实奉献的精神品质。枣树已成为中华文明的重要象征之一，其文化内涵深深融入了民族记忆。

南疆地区作为枣树的次生起源中心，拥有悠久的红枣种植历史。西汉时期，随着丝绸之路的开通，红枣被引入新疆，并逐渐在南疆地区发展壮大。21世纪初，若羌县率先确立"红枣立县"战略，凭借其独特的气候条件，生产出优质红枣，创造了"沙漠变金山"的奇迹。随后，这一模式在南疆地区迅速推广，使南疆成为全球最大的红枣产区。2024年，南疆红枣产量300多万吨，约占我国枣总产量的45%，是南疆塔克拉玛干沙漠周缘地区的支柱产业，为当地经济发展和农民增收作出了巨大贡献。

然而，南疆红枣产业在快速发展过程中也面临诸多挑战。大规模种植导致品种混杂、管理粗放，优质果率下降；深加工率低、品牌建设滞后，市场竞争力不足；销售渠道单一、价格波动大，产业抗风险能力弱；同时，水资源压力加剧、生态环境受到威胁等问题也日益凸显。这些问题严重制约了南疆红枣产业的可持续发展，亟待解决。

本蓝皮书以"产业链协同、质量效益优先、生态经济平衡"为导向，构建了"现状分析—问题诊断—路径创新"的研究体系。通过对南疆红枣产业的基础、区域、主体、效益及前瞻性等多个维度进行深入研究，旨在为产业发展提供全面、系统的解决方案。在研究过程中，我们坚持理念创新、路径创新与机制创新，力求突破产业发展瓶颈，推动南疆红枣产业实现转型升级。

本蓝皮书共分为十部分。第一部分为绪论；第二部分为产业发展基本情况，主要介绍南疆红枣栽培、加工、从业人员、营销等基本情况；第三部分为产业发展外部环境，对南疆红枣产业发展的政策环境、技术环境、市场需求等进行了分析；第四部分为产业发展重点地区，分别对南疆的喀什、和田、阿克苏、巴州等红枣重点发展区域的栽培、加工、销售现状和存在问题进行了介绍和分析；第五部分为产业发展重点企业和协会，介绍了南疆红枣产业发展重点企业的经营模式、产品特色、品牌定位、发展方向等；第六部分为产业发展的代表性品牌，介绍了南疆红枣代表性品牌；第七部分为产业发展效益，介绍了红枣产业对区域经济发展、农民就业增收、促进科技进步等方面的效益评价；第八部分为产业存在问题与对策，对南疆红枣产业发展存在的问题进行了分析，并提出了发展建议和对策；第九部分为附录；第十部分为参考文献。

站在新时代的历史起点上，南疆红枣产业肩负着重要使命。在保障国家粮食安全方面，南疆红枣产业通过利用边际土地生产木本粮食，为国家粮食安全提供了有力保障；在推动乡村振兴方面，红枣产业成为巩固脱贫攻坚成果、促进农民增收的重要支柱；在生态治理方面，枣树的种植有效改善了南疆地区的生态环境，助力荒漠化防治；在文化传承方面，南疆红枣产业承载着深厚的文化内涵，成为"一带一路"沿线文化交流的重要载体。南疆红枣产业的高质量发展，既是对中华传统枣作文明的传承创新，更是新时代国家粮食安全战略的生动实践。本蓝皮书愿以科学研究为基石，为这一伟大实践提供思想资源与行动方案，推动"中国红枣看新疆"的产业格局向更高水平迈进，为实现中华民族伟大复兴的中国梦贡献力量。

第一章

南疆红枣产业发展基本情况

第一节　南疆红枣栽培概述

新疆红枣主要分布在南疆。新疆以天山为界划分成南疆和北疆。天山以南为南疆，天山以北为北疆。南疆一般是指巴音郭楞蒙古自治州（简称巴州）、阿克苏地区、喀什地区、和田地区、克孜勒苏柯尔克孜自治州等地，这里的南疆还泛指东疆的吐鲁番市和哈密市。南疆被昆仑山和天山夹在中间，天山挡住了来自北面的冷气流，昆仑山挡住了来自印度洋的湿空气，因此南疆阳光充足、日照时间长、昼夜温差大、降雨量小，南疆这种得天独厚的气候条件正适宜枣树生长和结果，克服了河北、山东、河南、山西、陕西等传统枣产区因阴雨天气多，而导致产量低、品质差、裂果浆烂严重等问题。

新疆红枣栽培历史源远流长，可追溯至公元前2世纪。西汉司马相如《上林赋》记载，汉武帝上林苑中引种"西王母枣"，据东晋葛洪《西京杂记》考证，此枣源自昆仑山南麓，即今南疆地区，印证了2100年前新疆已存在规模化枣树种植。唐代《新唐书》载哈密进贡"香枣"，元代《打枣谱》明确记载新疆特有品种"西王母枣"与"哈密香枣"，形成跨越千年的文献证据链。

喀什阿瓦提乡与哈密五堡镇现存成片百年古枣林，最大一株树龄逾800年，冠幅达12米，年产鲜枣仍超200公斤，成为活态农业文化遗产。虽具悠久种植传统，但新疆红枣产业现代化始于20世纪后期：1970年代引进灰枣、骏枣、赞皇大枣等品种开始试栽；1988年确立洛浦等南疆三县为首批基地；至1999年若羌县率先突破，通过"矮密早"栽培模式实现当年栽植当年挂果，亩产值突破2万元，催生"若羌模式"。

2005年后，南疆红枣产业进入爆发期，种植面积以年均百万亩速度扩张，2010年产量达全国总量45.2%，完成从默默无闻的小产区到世界最大生产基地的跨越。2016年产业步入鼎盛期，此后虽种植面积回调下滑，产量有所降低，但南疆红枣种植覆盖近60个县（市、区），红枣加工、销售也随之兴起，红枣产业集群初步形成。当前南疆红枣产业已形成"三带两区"格局（塔里木盆地周缘绿洲带、吐哈盆地），成为南疆经济发展的支柱型产业。

随着南疆红枣面积和产量的大幅度增加，对内地河北、山东、河南、山西、陕西和辽宁等传统枣产区形成了巨大冲击，这些枣产区面积和产量迅速下滑，纷纷退出红枣市场，在全国市场很快形成了新疆红枣一家独大的局面。目前，南疆是我国也是世界上最大的红枣生产基地和栽培中心。

"世界红枣看中国，中国红枣看南疆。"这是对世界和我国红枣生产现状的真实写照和生动诠释。

红枣产业已成为驱动南疆区域经济增长的核心引擎。产业发展初期即实现亩均纯收益超2万元，规模化阶段稳定保持万元级收益，成功培育出"一片枣园致富一家"的产业模式。鼎盛时期，红枣种植面积达750余万亩，年产量突破380万吨，直接产值逾400亿元，占南疆农业总产值的28%。典型县域若羌县通过红枣产业化，农民人均收入从2001年的2216元升至2016年的30076元，其中68%来自红枣收益，连续多年稳居西部省区榜首。即便在市场价格下滑波动期，民丰、策勒等县红枣收益仍占农业收益的20%以上，充分展现了红枣产业的抗风险能力。作为乡村振兴战略支柱产业，持续优化红枣产业链对保障边疆民生、改善生态、加强民族团结、促进共同富裕具有战略意义。

第二节 南疆红枣栽培现状

一、南疆红枣分布区域

红枣在新疆的分布十分广泛，但99%以上分布在南疆。南疆主要分布在喀什地区、和田地区、阿克苏地区、巴音郭楞蒙古自治州（简称巴州）、吐鲁番市和哈密市。北疆的伊犁哈萨克自治州和塔城地区仅有少量分布。南疆红枣分布区域涉及9地州51个县（市、区）。南疆红枣除新疆维吾尔自治区（简称地方）发展之外，新疆生产建设兵团南疆各师（简称兵团）也是发展红枣的主力军，本书中南疆红枣总面积和总产量包括地方和兵团两部分。

二、南疆红枣总面积

2010—2024年南疆红枣面积见图1-1 。从图中可以看出，2024年南疆红枣总面积为388.1万亩，2023年为431.8万亩，2024年比2023年减少了43.7万亩，下降了10.1%。2010年红枣面积为597.0万亩，之后红枣面积持续增加，到2016年达到757.5万亩，比2010年增加了160.5万亩，增幅为26.9%，平均年增幅为4.5%。2016年之后红枣面积逐渐下降，2024年比2016年面积下降了369.4万亩，下降幅度为48.8%，平均年降幅为6.1%。尤其是在2021年，面积比2020年下降了143万亩，降幅达23.0%。

南疆红枣种植规模的变化折射出市场行情与经济效益的波动。21世纪初，若羌地区率先实现红枣产业突破，取得显著经济回报，随即带动南疆地区掀起种植热潮。2005年产业进入爆发期，种植面积以年近百万亩的增速扩张，短短五六年，到2010年种植面积已近600万亩，跃居全国首位。这种发展速度与规模在我国乃至世界林果业发展史上均属罕见。

图1-1　2010—2024年南疆红枣面积

然而，高速发展中暗藏危机。随着南疆红枣面积的不断扩大，产量的迅速提高，不久出现了供大于求的情况，南疆红枣的价格不再居高不下，从2012年开始，其价格不断下滑，到2016年左右南疆红枣价格几乎探底。此时种植红枣利润不高，甚至出现亏损，严重挫伤了枣农的管理积极性，开始出现弃管甚至毁树刨树现象，导致红枣种植面积不断缩减。

三、南疆红枣总产量

2000—2024年南疆红枣产量变化情况见图1-2。从图中可以看出，2024年南疆红枣总产量为308.8万吨，比2023年的321.5万吨，减少了12.7万吨，下降幅度为4.0%。

从图1-2还可以看出，南疆红枣产量变化可以分为三个阶段。第一个阶段是2000—2004年，此阶段总产量低，2000年产量仅为0.7万吨，到2004年产量仅为1.6万吨，4年总产量增加了0.9万吨，增幅达128.6%，平均年增速为32.15%。第二阶段为2005—2020年，此阶段开始为产量迅速增长期，之后增长减缓，到达产量最高峰。2005年产量为2.9万吨，到2020年产量达到381.3万吨（占当年全国红枣总产量的49.31%）。此阶段15年增加了378.4万吨，增幅为

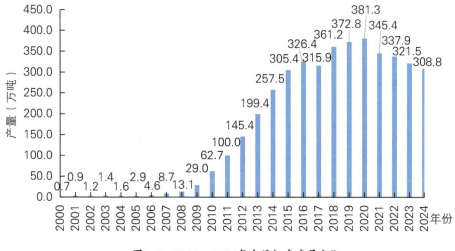

图1-2　2000—2024年南疆红枣产量变化

13048.3%，平均年增速为869.9%。第三阶段为2020—2024年，产量逐渐下降，2024年产量比2020年下降了72.5万吨，降幅达19.0%，平均年降幅为4.8%。

四、新疆维吾尔自治区（简称地方）面积和产量

截至2024年底，地方红枣种植面积268.46万亩，红枣产量115.32万吨。喀什地区、和田地区、阿克苏地区和巴州四地州枣种植面积共计258.05万亩，占全疆地方枣种植面积（不含兵团）的96.1%，枣产量共计113.27万吨，占全疆地方枣产量（不含兵团）的98.2%。近年来，南疆枣种植面积和产量呈逐年下降趋势，2024年四地州枣种植面积较2023年减少6.8%，枣产量较2023年减少17.8%。

如表1-1所示2022年、2023年和2024年南疆四地州枣种植面积和产量（不包含兵团）。2024年，喀什地区枣种植面积最大，产量最高；其次是和田地区，阿克苏地区和巴州面积相近。2024年较2023年，四个地州的枣面积均出现下降，阿克苏地区和巴州下降幅度不大，和田地区有明显下降，喀什地区下降最明显，下降了12.45%。2024年，喀什地区、和田地区、阿克苏地区和巴州枣种植面积分别占新疆地方枣种植总面积（不包含兵团）的34.28%、28.62%、16.51%和16.73%；四地州红枣产量（不包含兵团）分别占新疆地方枣产量的42.25%、18.05%、25.73%和12.19%。

表1-1　2022年、2023年和2024年南疆四地州枣面积和产量（不包含兵团）

地区	种植面积（万亩）			产量（万吨）		
	2022年	2023年	2024年	2022年	2023年	2024年
喀什地区	106.51	105.11	92.02	51.74	52.48	48.72
和田地区	89.12	80.63	76.82	26.14	25.65	20.82
阿克苏地区	81.18	45.47	44.31	35.25	43.05	29.67
巴州	49.61	45.60	44.90	16.51	16.62	14.06
四地州合计	326.42	276.81	258.05	129.64	137.80	113.27
全疆地方（不含兵团）	338.70	309.29	268.46	131.20	127.13	115.32

2024年，南疆红枣种植面积超过5万亩的县（市、区）有麦盖提县、若羌县、洛浦县、温宿县、策勒县等15个（见图1-3），其中麦盖提县枣种植面积最大，为50.07万亩，其次是若羌县，为23.38万亩。15个县（市、区）枣种植面积共217.75万亩，占全疆枣种植面积的81.11%（不含兵团）。

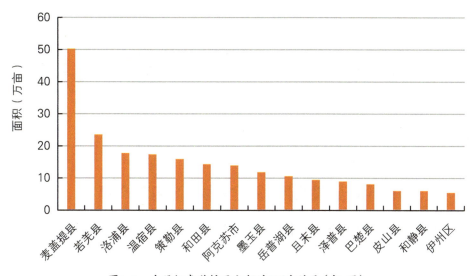

图1-3　南疆红枣种植面积超过5万亩的县（市、区）

2024年，南疆红枣年产量在2万吨以上的县（市、区）共有14个（见图1-4），其中10万吨以上的有2个县（市），为麦盖提县、温宿县，产量分别为27.86万吨和10.93万吨，其产量之和占南疆四地州红枣总产量的34.24%；年产量在5万～10万吨的县（市）有3个，为若羌县、阿克苏市、洛浦县，产量分别为8.65万吨、8.60万吨和5.39万吨，其产量之和占四地州总产量的19.99%；产量在2万～5万吨的县（市）有9个，为泽普县、岳普湖县、墨玉县、策勒县、且末县、巴楚县、和田县、莎车县、阿瓦提县，产量分别为4.81万吨、4.36万吨、4.21万吨、3.66万吨、3.49万吨、3.46万吨、2.95万吨、2.93万吨、2.34万吨，其产量之和占四地州总产量的28.44%。产量在2万吨以下的有叶城、皮山等34个县（市、区），其产量之和为21.69万吨，占四地州总产量的19.15%。

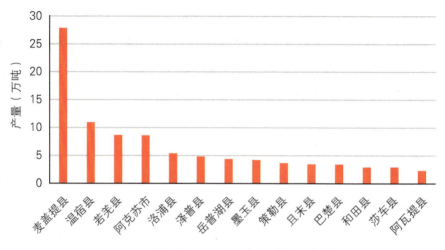

图1-4　南疆红枣年产量超过2万吨的县（市）

五、新疆生产建设兵团（简称兵团）面积和产量

新疆生产建设兵团10余个师有红枣种植，主要分布在坏塔里木盆地及东疆农业区。

1. 总面积

2024年，兵团红枣总面积为119.6万亩，较2023年的122.46万亩减少了2.86万亩。2017—2024年新疆生产建设兵团红枣的面积变化情况见表1-2。从表中可以看出，兵团红枣面积呈现逐年递减的趋势，这与地方红枣面积的变化趋势一致。

2. 总产量

从表1-2可以看出，2024年，兵团红枣产量为193.5万吨，比2023年（194.35万吨）减少了0.85万吨，降幅不大。2017年到2024年，兵团红枣产量年份间有波动，但总体呈上升趋势。这段时间兵团红枣面积逐年递减，但总产量呈上升趋势，说明红枣单产增加了。

3. 兵团各师红枣面积和产量

从表1-2可以看出，兵团各师红枣种植面积差异较大，主要产区是第一师、第二师、第三师、第十四师。

2024年，第一师红枣种植面积47.04万亩，产量90.45万吨。第二师红枣面积14.66万亩，产量13.92万吨，主要分布在36团、37团、38团等。第三师红枣面积34.16万亩，产量57万吨；其中骏枣面积2万亩，主要集中在44团和46团，冬枣面积0.8万亩，主要集中在50团；灰枣面积31.2万亩，主要集中在麦盖提团场。第十四师红枣面积23.74万亩，产量32.13万吨；其中224团面积12.93万亩，产量17.5万吨，皮山农场6.8万亩，47团3.2万亩。

表1-2　2017—2024年新疆生产建设兵团红枣的栽培情况

项目	年份	第一师	第二师	第三师	第四师	第五师	第六师	第七师	第八师	第九师	第十二师	第十三师	第十四师	合计
面积（万亩）	2017	68.273	25.865	33.569	0.464	0.030	0.026	0.105	0.165	0.039	0.104	7.026	25.584	161.247
	2018	63.650	23.141	35.211	0.419	0.024	0.011	0.011	0.141	0.041	0.104	6.173	28.146	157.068
	2019	60.144	22.214	34.631	0.374	0.026	0.009	0.011	0.201	0.041	0.027	5.495	27.380	150.548
	2020	56.343	19.863	33.449	0.264	0.011	0.006	0.011	0.201	0.006	0.005	4.494	27.461	142.110
	2021	52.797	19.493	33.573	0.209	0.012	0.008	0.015	0.179	0.003	0.005	3.371	24.932	134.597
	2022													126.200
	2023	47.080	14.570	33.870	0.200	0.010	0.010	0.020	0.120	0.000	0.070	2.660	47.080	122.460
	2024	47.04	14.66	34.16	—	—	—	—	—	—	—	—	23.74	119.600
产量（万吨）	2017	114.468	16.279	26.613	0.100	0.016	0.007	0.108	0.111	0.016	0.018	4.846	19.150	181.730
	2018	106.722	19.436	33.555	0.099	0.016	0.004	0.014	0.099	0.016	0.014	5.693	22.530	188.196
	2019	107.620	21.065	42.744	0.096	0.015	0.005	0.016	0.114	0.013	0.008	4.680	23.954	200.330
	2020	105.946	22.198	48.271	0.104	0.006	0.003	0.016	0.116	0.002	0.002	4.072	27.321	208.059
	2021	104.544	23.102	51.354	0.077	0.030	0.004	0.024	0.126	0.001	0.002	3.043	28.660	210.966
	2022													200.610
	2023	93.440	13.230	54.920	0.140	0.000	0.010	0.020	0.090	0.000	0.010	2.580	29.900	194.350
	2024	90.45	13.92	57.00	—	—	—	—	—	—	—	—	32.13	193.500

4. 兵团第一师各团（乡）红枣面积和产量

2024年兵团第一师各团（乡）红枣面积和产量见表1-3。2024年，第一师红枣总面积47.04万亩，产量90.45万吨。其中13团面积最大，产量最高。13团、11团和14团产量均超过10万吨。

表1-3　2024年兵团第一师各团（乡）红枣面积和产量

团场	面积（万亩）	总产量（万吨）
1团	2.4837	4.5855
2团	4.6638	9.0011
3团	1.247	2.3743
5团	1.3286	1.7936
6团	0.2873	0.4205
7团	2.4994	4.8238
8团	1.1899	2.1541
9团	4.2509	8.1617
10团	2.6642	5.1419
11团	5.6331	11.9985
12团	4.4694	8.6259
13团	8.6417	16.6785
14团	5.6076	10.8227
16团	2.0295	3.8358
托喀依乡	0.0463	0.0301
合计	47.0424	90.448

5. 地方和兵团红枣面积和产量比较

从表1-4可以看出，2024年，地方红枣面积268.46万亩，产量115.32万吨。兵团红枣总面积为119.6万亩，总产量为193.5万吨。地方红枣单产为429.56公斤/亩，而兵团单产为1617.89公斤/亩。兵团红枣的单产是地方的3.77倍，由此可见兵团的红枣集约化程度和管理水平远高于地方。

表1-4　2024年新疆地方与兵团红枣面积与产量比较

	总面积（万亩）	总产量（万吨）	单产（公斤/亩）
地方	268.46	115.32	429.56
兵团	119.6	193.5	1617.89
地方+兵团	388.06	308.82	2047.45

6. 南疆红枣产量与全国枣总产量比较

1978—2023年全国和南疆枣产量变化趋势见图1-5。从曲线走势看，产量变化可清晰划分为四个阶段：第一阶段（1978—1990年）为缓慢增长期，年产量增幅维持在2%~3%；第二阶段（1990—2006年）进入加速增长期，产量年均增速提升至5%~7%；第三阶段（2006—2016年）产量呈现爆发式增长并达到历史峰值，2016年全国枣总产量跃升至824.1万吨；第四阶段（2016年至今）产量先经历显著下降，随后进入波动期，整体降幅收窄并趋于平稳。

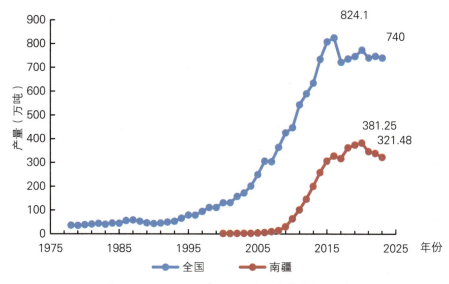

图1-5　1978—2023年全国和南疆枣产量变化曲线

从图1-5可以明显看出，2008年以后，全国枣产量的变化曲线与南疆的枣产量几乎一致，这充分说明南疆红枣产量对全国枣产量具有重要影响。2023年，全国枣产量为740万吨，南疆为321.48万吨，南疆占全国产量的43.44%。

从上述分析可知，目前南疆红枣面积下降、总产量下滑，红枣种植效益不高，产业陷入低迷阶段，这是产业周期性波动的客观规律。当前南疆红枣产业呈现的种植规模收缩与效益下滑，本质上是产业周期演进中的阶段性调整过程。从产业经济规律来看，市场价格回调与产能收缩实为市场机制矫正供需失衡的必然路径，标志着南疆红枣产业正经历从粗放扩张向集约发展的转型阵痛。在完成前期高速增长阶段后，通过供给侧结构性改革实施的去低效产能与品质提升工程，叠加大健康产业蓬勃发展背景下健康食品需求的结构性增长和消费升级，推动产业价值体系实现从数量规模型向质量效益型的根本性转变，这一调整过程既是产业自我修复的市场化表现，更是迈向高质量发展阶段的必要演进。南疆红枣产业必将完成价值重构，步入以质效为导向的发展新阶段。

六、南疆红枣主栽品种

（一）主栽品种

目前，南疆红枣主栽品种为灰枣，其面积约占南疆红枣总面积的70%；其次为骏枣，其面积约占总面积的25%；其他品种合起来约占5%。其他品种中，哈密大枣、赞皇大枣、冬枣、七月鲜等具有一定规模，其余的面积均不大。前几年引入南疆的蟠枣，有一定规模发展，但因该品种易裂果、不抗冻、病害重等原因，效益不断下滑，发展势头减缓。近两年优良鲜食品种秋蜜在和田等地出现发展势头。

不同地区主栽品种有差异，巴州的若羌和且末等地以灰枣为主。阿克苏地区以灰枣为主，骏枣为辅。喀什地区骏枣和灰枣在不同县（市、区）各有侧重。和田地区以骏枣为主，灰枣栽培较少。哈密大枣主要在哈密市栽培。新疆生产建设兵团第一师以骏枣为主，其次是灰枣和冬枣；第二师主栽品种为灰枣和骏枣；第三师主栽品种为灰枣，其次为冬枣。第十三师主栽品种为哈密大枣，其次为骏枣。

（二）主栽品种特性简介

1. 灰枣

主产于河南新郑、中牟、西华等县（市、区），为当地的主栽品种。引种南疆，表现良好。

果实呈卵圆形，果实中等大。纵径3.8厘米，横径2.6厘米，平均单果重11.9克。果顶端向一方稍偏，果面光滑，果肉细密，甜味浓，汁液中等多，品质上等。鲜枣含糖量30%，干枣含糖量85.3%，制干率为55%～60%，可食率达97.3%。制干后，果形饱满，果实皱纹浅，肉质紧密，有弹性，耐贮运，成熟期遇雨易裂果。9月中旬成熟。适宜干制，亦可鲜食（见图1-6）。

图1-6　灰枣

该品种适应性强，丰产性较好，品质优良。但成熟期遇雨易裂果，不抗缩果病。

2. 骏枣

分布于山西交城一带，为当地主栽品种，引入南疆栽培，表现良好。

图1-7　骏枣

果实圆柱形，果实大，平均单果重22.0克，大小较不整齐。果面光滑，果皮薄，深红色。果肉厚，白色或绿白色，质地略松脆，汁液中等。鲜枣含糖量28.7%，含酸量0.45%，鲜枣维生素C含量为432毫克/100克，含水量63.3%，可食率96.3%，品质上等。干枣含糖量75.6%，含酸量1.58%，维生素C含量为16毫克/100克。果实8月上旬白熟，8月中旬开始着色，9月上旬进入脆熟期，果实生育期100天左右。适宜干制，亦可鲜食（见图1-7）。

该品种适应性强，丰产性好，稳产性较差，品质优良。但采前易落果，成熟期遇雨裂果严重，果实易患缩果病和炭疽病。

3. 哈密大枣

哈密大枣又称五堡枣，主要分布在哈密市五堡镇。该品种在哈密种植历史已有200～300年。

图1-8　哈密大枣

果实近圆形，平均单果重15.0克，大小不整齐。果面不平整，有小块起伏。果皮较厚，紫红色。果肉浅绿色，肉质致密，较硬，汁液少。鲜枣含糖量为20％，含酸量0.64％，维生素C含量为404.2毫克/100克，制干率47％以上。干枣含糖量70.0％~78.3％，含酸量1.0％~1.14％，品质中上等（见图1-8）。

该品种树势较强，抗寒、抗旱、抗病虫害能力强。适宜制干、鲜食，可加工成蜜枣、酒枣等。

4. 赞皇大枣

图1-9　赞皇大枣

原产河北省赞皇县，为自然三倍体品种。引种到新疆等地，均表现良好。

果实长圆形或倒卵形，平均单果重17.3克，最大果重29克。果面平整。果皮较厚，果肉近白色，致密质细，汁液中多，味甜略酸，含可溶性固形物30.5％，制干率47.8％。鲜食红枣风味中上，干制红枣果形饱满，有弹性，耐贮运，品质上等。由于果大而整齐，近几年多用于加工蜜枣，蜜制产品优良。9月中旬成熟（见图1-9）。

该品种适应性强，果个大而整齐，耐旱，耐瘠薄，丰产稳产，较抗裂果，易患缩果病。

5. 冬枣

原产于河北省沧州和山东省滨州、德州一带，在黄骅仍存有数百年生的古冬枣林。目前，主要栽培于河北的黄骅、沧县，山东的滨州、德州，山西运城，陕西大荔等县（市、区）。引入南疆，表现良好。

果实近圆形，果面平整光洁，平均单果重12~13克，大小较整齐。果肉绿

图1-10　冬枣果实

白色，细嫩多汁，味甜。白熟期含糖量27%，着色期34%~38%，完全成熟前40%~42%，含水量70%左右，鲜枣维生素C含量为352毫克/100克，可食率97.1%。9月下旬为白熟期，10月初开始着色，10月中旬完全成熟。从白熟期到完全成熟期可陆续采收，果实生育期为125~130天（见图1-10）。

该品种适应性强，果实成熟晚，品质极上，为优良的鲜食晚熟品种。易遭受绿盲蝽蟓危害，需要开甲等措施精心管理，否则不易坐果。

6. 七月鲜

七月鲜是1996年陕西省果树研究所枣品种调查时在合阳县农家发现的优良株系。在南疆有一定栽培面积。

果实卵圆形，果面平整，果肩棱起，平均单果重29.8克，最大果重74.1克。果皮薄，深红色，表面蜡质较少，可溶性固形物含量28.9%，可食率97.8%，味甜、肉质细，适于鲜食。在陕西关中8月下旬成熟，果实生育期85天左右（见图1-11）。

该品种果大、肉质酥脆、早熟。较易裂果、较抗缩果病，适宜矮化密植和设施栽培。

图1-11　七月鲜结果状

七、南疆红枣主要栽培模式

南疆红枣栽培模式主要有矮化密植、宽行栽培、乔化稀植、设施栽培和枣粮间作等。其中，矮化密植因高产高效而成为主流模式。鲜食品种多采用设施栽培，以延长上市期并提升品质。不同品种、树龄及株行距配置下，枣树树形呈现多样化，常见开心形、"Y"形、小冠疏层形和自由纺锤形等，以适应不同栽培需求。

（一）矮化密植

2006年起，新疆大力推广直播酸枣建园和高密度丰产栽培技术，该模式凭借早果丰产优势迅速成为南疆红枣种植的主导方式。

技术要点：建园初期（1～3年）采用高密度种植，株距0.25～0.4米，行距1.0～2.0米，通过逐年移苗、间伐调整株行距。

对于灰枣品种，因灰枣较开张，逐步调整为宽行栽培，成龄园株距为1.5～2.0米，行距3.0～5.0米，改善通风透光条件。

对于骏枣品种，因其树势较直立，维持矮化密植，株距1.0～1.5米，行距2.0～3.0米，通过修剪控制冠幅。骏枣品种也可以调整为宽行栽培，成龄园株距为1.5～2.0米，行距3.0～5.0米，改善通风透光条件。

（二）宽行栽培

株距1.5～2.0米，行距4～6米，树高控制在3.75～4米。宽行设计便于果园管理机、喷雾机等大型设备作业，可降低40%以上人工成本。

（三）乔化稀植

主要用于树龄20年以上的传统老枣园，或生态观光型果园建设。

株距3.0～5.0米，行距6.0～8.0米，树高4～6米，冠幅5～7米。树形以自然圆头形、疏散分层形为主，保留枣树自然生长特性。

（四）设施栽培

为了提早成熟和防止裂果，冬枣等鲜食品种常采用设施栽培，设施栽培有不同棚体结构，包括春暖棚、双模棚、棉被棚、日光温室等。

（五）枣粮间作

枣树行距6米以上，间作带宽度4～5米。主要间作低秆作物，如小麦、棉花、辣椒、牧草、中药材等。

第三节　南疆红枣主要栽培技术

南疆特殊的气候和土壤条件,促进了极具地域特色的红枣栽培技术体系的形成。

一、建园技术

枣园建立一般采用苗木栽植的方式建园,但南疆红枣在发展过程中,针对南疆地区土壤瘠薄、干旱少雨等气候特点,创新了直播方式进行建园。直播建园克服了苗木栽植建园中存在的栽植成活率低、生长慢、结果晚、早期丰产性差等缺点。直播建园还具有省工省时、建园速度快、适于大规模建园、便于规模化和机械化作业等优势,成为南疆红枣产业突破立地条件限制的关键技术创新。

(一)园地选择和规划

1.园地选择

选择附近无污染源,地表水或地下水引用灌溉方便,水质符合灌溉标准,防护林体系配套;土壤pH值7.5~8.5,总盐含量低于0.3%,地下水位低于3米的地块。优先选择具有天然风障(如红柳灌丛)的过渡地带建园,减少初期风沙危害。

2.园地规划

(1)小区:条田面积较大时要划分成若干小区,小区面积40~100亩。小区长边与主风方向夹角≤30°,采用1:2~1:3的长宽比。沙质土区采用40~60亩小型小区,壤土区可采用80~100亩小区。

(2)道路:道路占园地总面积的5%~6%,150亩以上的枣园设主路、支路和小路,50~150亩枣园设主路和支路,50亩以下枣园设支路和小路。主路路基采用30厘米厚戈壁料压实,路宽4米以满足机械双向通行。支路每间隔200米设置会车带,路面铺设5厘米厚砾石防尘。

（3）排灌系统

园地要有排灌渠系，排灌渠系与道路配套，机井每眼可灌溉150~300亩。推行"双系统"设计：滴灌管网（主管Φ160毫米，支管Φ90毫米）与排碱渠（上口宽1.5米，深1.2米）立体布局。采用压力补偿式滴头（流量2.2升/小时），滴头间距50厘米，毛管布设距树干30厘米。

（4）防护林

防护林占园地面积10%~14%，防护林设主林带和副林带。主林带与主风向垂直或基本垂直，主林带宽10~15米，副林带宽4~6米，林带株行距2米×1.5米，树种配置以胡杨、新疆杨、沙枣树类为主。主林带采用"乔灌草"立体配置：新疆杨（8行）+沙枣（4行）+骆驼刺（2行）。推广"活沙障"技术：副林带外侧20米范围种植柽柳，株行距0.5米×1米。

（二）苗木栽植建园技术

1. 栽植时期

选择土壤解冻后至苗木萌芽前的最佳"窗口期"（南疆地区通常为 3 月下旬至 4 月下旬）。此时，地温稳定回升，根系尚未大量萌动，可减少蒸腾失水，提高定植成活率。

2. 挖定植穴

定植穴的规格为长、宽、深各50~70厘米。并将表土、下层土分开堆放。栽植前在穴底层先填20厘米粉碎秸秆（5公斤/穴）和表土，中层拌入脱硫石膏（2公斤/穴）和腐熟羊粪（10公斤/穴）。

3. 栽植密度

根据品种特性、管理模式及机械化需求灵活调整：

密植园：株距1.5~2米，行距3~4米。

稀植园：株距2~3米，行距4~6米。

枣粮间作园：株距2~4米，行距6~15米。

4. 栽植行向

以南北向为主、东西行亦可。

5. 栽植方法

栽植采用"一埋、二提、三踏实"的方法，栽植时先填剩余的表层土再填下层土。

6. 栽后管理

（1）及时灌水：定植后当天浇透定根水，7~10天内视土壤墒情浇第二次水，20~30天后浇第三次水，确保根系层含水率维持在田间持水量的60%~70%。

（2）覆膜保墒：浇水后沿树行覆盖70~100厘米宽地膜，膜边用土压实，膜面绷紧无褶皱，可提高地温2℃~3℃，抑制杂草生长，减少水分蒸发。

也可以铺双膜：下面一层铺设80厘米宽可降解的防草布（抑制多年生杂草根系穿透），上面再铺一层银色反光膜。可双重提升保墒、增温、抑草效果，尤其适用于盐碱地或干旱地区。

（三）直播建园技术

直播建园是第一年按照一定的株行距播种酸枣仁，培育出酸枣实生苗。待第二年春季萌芽前后选择优良品种接穗进行嫁接。嫁接成活后，枣园就建成了。

1. 地块选择与整地

土壤要求：土层厚度≥80厘米的轻壤土或壤土（砂粒40%~60%），pH7.5~8.5，全盐<0.3%；盐斑面积≤1%，坡度≤0.5%。

整地要求：秋季深翻30~35厘米，清除残膜杂草，达到"齐、平、松、碎、净、墒"标准。

底肥施用（入冬前完成）：亩施腐熟农家肥3~5吨（牛/羊粪为主）、粉碎发酵好的油饼100公斤、磷酸二铵15公斤、硫酸钾5公斤。将上述肥料采用条施或撒施后旋耕混入20~25厘米土层。

2. 灌水压碱

在播种的前一年10月中下旬秋灌或播种当年4月上旬春灌，采用大水漫灌，每亩漫灌120~150立方米水，灌后0~30厘米土层含盐量≤0.25%。

3. 种子处理

酸枣仁要求种仁饱满、褐红色、有光泽，净度≥95%，发芽率≥90%。播种时可以干播，也可以在播种前用45℃温水浸种48小时，中间换水一次。

4. 播种技术

对于冬灌地，第二年3月下旬至4月初，膜下5厘米地温连续5天≥12℃，就可以播种。对于春灌地，4月10—20日同步覆膜播种。

采用机械播种（采用穴盘式精量播种），株距0.25~0.75米，行距2~4米。开沟深3厘米，每穴播种2~3粒，覆土2厘米，压实膜孔。

5. 破膜放苗

播种1周左右，及时检查出苗情况，膜下播种时要及时破膜放苗，一般当出苗率达60%时，上午10点前人工破膜（孔径3~5厘米）放苗。

6. 定苗

当苗木生长到5~8厘米时开始定苗，每穴只留壮苗1株。

7. 其他管理

要及时中耕除草。灌溉采用加压滴灌方式，一般生长季滴灌5~7次，每次每亩滴水量为30~40立方米，每亩总滴水量为150~210立方米。在10月20日入冬前，进行一次大水漫灌，灌水量为每亩130~150立方米。

第二次滴灌时，可加入尿素或滴灌专用肥，每亩用量5~6公斤；之后每次滴灌每亩均可加入尿素或滴灌专用肥8~10公斤；后期滴灌以钾肥为主，8月20日最后一次滴灌不加肥。

当苗高达到40厘米时及时摘心。生长季注意防治红蜘蛛等病虫害。

8. 第二年嫁接及主要管理技术

（1）嫁接时期：在萌芽前后嫁接。

（2）嫁接方法：选择优良品种接穗，采用腹接、切接、劈接等方法嫁接。

（3）接后管理：嫁接后，砧木上会长出萌蘖，要及时除萌。一般要除萌2~3次。发现杂草，要及时除草。根据墒情，及时灌水。当嫁接的新枣头长到10~15厘米时进行第一次滴灌，以后间隔10~15天滴灌1次，8月中旬之后停止滴灌，促进枝条充分成熟，以防冻害。生长季追肥随滴灌施入。10月下旬进行一次大水漫灌。发现红蜘蛛、枣瘿蚊等病虫害后要及时防治。

二、整形修剪技术

（一）整形修剪目标

优化树体结构

（1）保证通风透光良好

①培养通风透光、结构合理的树形，确保树冠各部位光照均匀分布。

②通过主侧枝均衡配置，避免枝叶过密导致内膛郁闭。

（2）便于人工管理和机械化作业

①控制树体高度在2~2.5米范围内，便于人工管理与机械化作业（如采摘、修剪等机械操作）。

②树体结构设计符合采摘作业动线，降低人工攀爬风险。

（3）提高产量改善品质增强抗逆性

①培养健壮结果枝组，提高坐果率与果实品质。

②矮化树体减少风害影响，增强抗倒伏能力。

（二）主要树形及特点

1. 小冠疏层形（适于中密度枣园）

（1）树体结构参数

①树高：3米左右。

②主干：高50~70厘米，培养直立粗壮主干。

③主枝分布：3~4个主枝，分2层排列，层间距50~60厘米。

④侧枝配置：每个主枝配备2~3个侧枝，呈螺旋状分布。

（2）枝组培养要点

①结果枝组均匀着生于主侧枝两侧，间距30~40厘米。

②枝组角度控制在45°~60°，避免直立或下垂生长。

（3）树形特点

①骨架结构稳固，抗风雨能力强。

②分层透光设计，内膛光照率提升30%以上。

③便于人工分层修剪与采摘作业。

2. 开心形（适于中密度枣园）

（1）树体结构参数

①树高：2米左右，主干高60～70厘米。

②主枝分布：2～4个主枝成45°～70°斜上生长。

③树冠特征：无中心干，主枝分散斜上展开，冠幅3～4米。

（2）枝组培养要点

①主枝延长枝留外芽短截，保持开张角度。

②结果枝组以两侧着生为主，避免背上枝组过密。

（3）树形特点

①树冠开张，内膛光照充足。

②管理操作便捷，适合观光采摘园景观化修剪。

③树冠内外果实受光均匀。

3. 自由纺锤形（适于高密度种植）

（1）树体结构参数

①树高：2～2.5米，主干高50～60厘米。

②中心干：直立强壮，均匀着生8～10个主枝（无明显层间）。

③主枝特征：开张角度60°～80°，直接着生结果枝组，枝间距20～25厘米。

（2）枝组培养要点

①主枝呈水平伸展，单轴延伸，避免二次分枝。

②结果枝组以中小型为主，间距15～20厘米。

（3）树形特点

①成形快，2～3年完成树形构建。

②早期丰产性强。

③适合机械化篱壁式修剪作业。

（三）不同时期枣树修剪技术

枣树修剪分为冬剪和夏剪。冬剪在落叶后至萌芽前进行，目的是培养、更新和调整骨干枝，优化其数量与分布，提升通风透光性。主要采用疏枝、短截、回缩、拉枝、落头等方法。

夏剪于萌芽后的生长季开展，旨在调节营养生长与开花坐果的矛盾，减少养分消耗，改善树冠透光条件，从而提高坐果率和果实品质，常用方法包括抹芽、摘心、疏枝、拉枝等。由于夏剪对当年结果量和品质影响显著，且能减轻冬剪工作量，因此在枣树管理中应格外重视。

1.幼树修剪（1～3年生）

（1）定干技术

①定干时间：当苗木直径大于2厘米时，可以在春季萌芽前定干。

②定干高度：根据不同树形，定干高度不同，一般在60～80厘米处截干，剪口下保留5~6个饱满芽。

（2）主枝培养

①定干后，选择3~4个方位合适的枣头，将其培养成主枝。

②根据树形不同，主枝培养可分两年或多年培养。

（3）开张枝条角度

①拉枝：生长季（6~9月）用铁丝或绳将枝条按一定角度拉开。

②撑枝：用竹竿、木棍将枝条按一定角度撑开。

（4）幼树修剪原则

①轻剪为主：对枣头一次枝进行轻短截，培养主枝延长枝。

②多留枣头：尽量多留枣头，加快幼树生长。

③少疏枝：仅对细弱、过密枣头疏除。

2.成龄树修剪

（1）培养和调整树形

根据不同树形要求，继续调整和培养树形。

（2）结果枝组培养和更新

对有生长空间的枣头要充分利用,培养成结果枝组。对于结果能力下降的枣头,通过重短截或疏除,促进隐芽萌发,培养新的结果枝组。

（3）疏除背上徒长枝

背上徒长枝特别容易扰乱树形,影响通风透光,要及时疏除。

（4）调控树冠

通过落头、回缩骨干枝,控制树冠大小。

（5）复壮更新

对衰弱主枝在基部进行重回缩,促进隐芽萌发枣头,培养新主枝。

（6）夏季修剪

通过抹芽、疏枝、摘心等措施减少无效枝对养分的消耗,改善通风透光,培养结果枝组。

三、土肥水管理

（一）土壤管理

1. 土壤深耕

深耕时期:休眠期进行,秋季采果后至封冻前或春季解冻后至萌芽前。秋季深耕可风化土壤、减少病虫害;春季深耕可破除板结、提高地温。

深耕深度:幼龄树20~30厘米,避免伤根;成龄树30~40厘米,促进根系深扎。

深耕方法:机械深耕适用于大面积枣园,人工深耕适用于复杂地形或树周,近树干处浅耕,远树干处深耕。

2. 土壤改良

增施有机肥:生长季结合深耕施入,幼龄树每株施10~20公斤农家肥,成年树施30~50公斤,需充分腐熟避免烧根,种类包括农家肥、绿肥、商品有机肥。

调节土壤酸碱度:碱性土壤施用石膏（每亩100~200公斤）或硫酸亚铁,降低pH值；种植耐盐碱植物辅助改良。

客土改良：砂性土掺入黏土增强保水保肥能力，黏性土掺入砂土改善通气性。

3. 土壤覆盖

地膜覆盖：春季树盘覆盖地膜，提高地温、保水，选择适宜厚度地膜，覆盖时拉平压实，打孔透气排水。

秸秆覆盖：夏季或秋季树盘铺10~15厘米厚秸秆（如玉米、小麦秸秆），撒土固定，腐烂后增加土壤有机质。

（二）肥料管理

1. 基肥

施肥时期：秋季采果后尽早施入，利于根系吸收和树体抗寒。

肥料种类：以有机肥为主（农家肥、饼肥），配施氮磷钾复合肥，成年树每株施农家肥30~50公斤+复合肥0.5~1公斤，肥力差的地块可增量。

施肥方法：环状沟施、放射状沟施或条沟施，沟宽30~40厘米、深50~70厘米，施肥后浇水。

2. 追肥

萌芽期追肥：萌芽前1~2周施氮肥（尿素0.2~0.3公斤/株）+磷肥（过磷酸钙0.2~0.3公斤/株），穴施或沟施，促萌芽和新梢生长。

花期追肥：花期以磷肥、硼肥为主，土壤施过磷酸钙0.2~0.3公斤/株+尿素0.1~0.2公斤/株，叶面喷施0.2%~0.3%硼砂溶液，提高坐果率。

果实膨大期追肥：追施氮磷钾复合肥0.5~1公斤/株，穴施或沟施，促进果实膨大，每次施肥后都要及时浇水。

3. 叶面喷肥

生长季展叶后可以进行叶面喷肥，叶面喷肥可结合喷药进行。生长季前期可以喷施0.3%尿素，后期可以喷施0.2%~0.3%磷酸二氢钾；花期可以喷施0.2%~0.3%硼砂，叶面喷施可选择早晚喷施，避免高温肥害。

（三）水分管理

1. 灌溉时期

（1）萌芽水：3月下旬至4月上旬，灌水量60～80立方米/亩，湿透根系层，促萌芽整齐。

（2）花期水：初花期和盛花期各一次，避开高温时段，灌水量40～60立方米/亩，保持土壤湿润。

（3）果实膨大期水：每隔10～15天一次，灌水量60～80立方米/亩，根据墒情调整，促果实膨大。

（4）封冻水：11月中旬至12月上旬，灌水量80～100立方米/亩，湿透土壤60～80厘米，增强抗寒能力。

2. 灌溉方式

（1）沟灌：行间开沟（深20～30厘米、宽30～40厘米），成本低但利用率高，避免积水和灌溉不均。

（2）滴灌

①系统组成与原理：滴灌系统由水源（井水、水库水等）、首部枢纽（水泵、压力表、砂石/离心/网式过滤器、施肥罐）、输水管网（干管、支管、毛管）和滴头四部分组成。通过水泵加压，水流经多级过滤后，沿管网输送至毛管，由滴头以水滴形式缓慢、均匀滴入枣树根系分布区（0～40厘米土层），实现精准供水。

②管网布置要点

干管与支管：沿枣园主干道或地势高处铺设，采用PVC或PE管材，干管间距根据枣园面积确定（一般50～100米），支管垂直于干管布置，间距与枣树行距一致（如3～4米）。

毛管与滴头：毛管沿枣树行向铺设，固定于地面或埋入地下（埋深10～15厘米），幼树期毛管距树干30～50厘米，成年树毛管位于树冠投影内侧20厘米处；滴头间距20～30厘米，流量1.5～3升/小时，确保根系区域湿润均匀。

③滴灌次数和灌溉水量

萌芽期：滴灌2~3次，每次每亩水量20~30立方米，间隔7~10天，配合萌芽肥（氮肥）随水滴施。

花期：滴灌1~2次，每亩水量15~20立方米，保持土壤湿度60%~70%田间持水量，避免水分剧烈波动影响授粉。

果实膨大期：滴灌4~5次，每次每亩水量25~35立方米，间隔8~12天，结合高钾复合肥（如N-P$_2$O$_5$-K$_2$O=10-5-20）滴灌。

成熟期：减少滴灌次数，每亩水量10~15立方米，促进果实糖分积累，防止裂果。

封冻期：滴灌1次，每亩水量40~50立方米，渗透深度达60厘米以上，满足越冬需水。

④水肥一体化技术：通过施肥罐将可溶性肥料（如尿素、磷酸二氢钾、中微量元素肥等）与灌溉水混合，在滴灌过程中同步施肥。施肥前先滴清水15~20分钟湿润管道，施肥结束后再滴清水20~30分钟冲洗管道，避免肥料残留堵塞滴头。

⑤水质管理：南疆地下水普遍矿化度较高，需经"砂石过滤器（去除泥沙）+离心过滤器（分离悬浮物）+网式过滤器（过滤粒径≥100目）"三级过滤，定期检测pH值（宜6.5~8.0）和电导率（EC≤1.5mS/cm），若盐分超标，可每月滴灌1次清水洗盐，每亩水量50~60立方米，促进盐分淋溶至根系层以下。

⑥日常维护：定期巡查管网，发现破损及时修补；每1~2周清洗过滤器，防止杂质堵塞；每年春季萌芽前和秋季采收后，对整个系统进行压力测试，更换老化滴头（滴头使用寿命为3~5年）。

3. 排水管理

设施建设：枣园设排水沟（深60~80厘米、宽80~100厘米），地势低洼处高垄栽培（垄高30~40厘米）。

雨季管理：及时清理排水沟，确保排水畅通，防止根系积水缺氧。

四、病虫害及其防治技术

（一）主要病害及其防治技术

1. 枣缩果病（黑腐病）

（1）症状

①果实受害：初期果面出现淡褐色水渍状斑点，后病斑扩大、凹陷，果肉变褐腐烂，味苦，严重时果实早落；潮湿时病斑表面产生橙色黏状物（病原菌分生孢子）。

②叶片受害：少数情况下叶片出现黄褐色斑点，提前脱落。

（2）发生规律

病原菌为真菌和细菌复合侵染，以菌丝体或分生孢子在病果、枝条上越冬，通过风雨、昆虫（如蚧壳虫、叶蝉等）传播，南疆8~9月果实膨大期至成熟期为发病高峰期。

高温高湿、果实伤口（如虫害、机械损伤）多、树势弱的果园发病重。

（3）防治技术

①选育抗病品种：优先选择灰枣、骏枣等抗病性较强的品种。

②减少果实伤口：及时防治枣瘿蚊、红蜘蛛等虫害，避免果实机械损伤；合理负载，防止果实相互碰撞产生伤口。

③萌芽前喷药：喷施3~5波美度石硫合剂，杀灭枝干上的越冬病菌。

④花期至幼果期喷药：喷施10%苯醚甲环唑水分散粒剂2000~3000倍液，或25%嘧菌酯悬浮剂1500~2000倍液，间隔15天，连喷2次，预防病菌侵染。

⑤发病初期喷药：喷施50%多菌灵可湿性粉剂600倍液+20%噻菌铜悬浮剂1000倍液（真菌、细菌兼防），或2%宁南霉素水剂500倍液，间隔7~10天，连喷2~3次。

2. 枣轮纹病（瘤皮病、粗皮病）

（1）症状

①枝干受害：初期出现褐色圆形病斑，后病斑扩大并隆起，形成同心轮纹

状的瘤状凸起，严重时枝干表皮粗糙、开裂，甚至导致枝条枯死。

②果实受害：成熟期果实出现水渍状褐色斑点，迅速扩大成同心轮纹状病斑，果肉软腐，有酸臭味，潮湿时病斑表面产生黑色小点（分生孢子器）。

（2）发生规律

病原菌在病枝干、病果上越冬，次年5~6月借风雨传播，从皮孔或伤口侵入；南疆7~8月高温多雨期为果实发病高峰期，树势衰弱、枝干伤口多的果园易发病。

（3）防治技术

①枝干保护：冬季修剪后，及时对剪口、伤口涂抹愈合剂（如凡士林+50%多菌灵粉剂）；早春刮除枝干上的病瘤、粗皮，集中烧毁，并用5波美度石硫合剂涂抹病部。

②增强树势：合理施肥，增施有机肥和钾肥，配合根外追肥（如磷酸二氢钾），提高树体抗病能力。

③ 萌芽前：全树喷施45%石硫合剂晶体30~50倍液，杀灭枝干病菌。

④幼果期（6月中下旬）：喷施80%代森锰锌可湿性粉剂600倍液，或50%甲基硫菌灵悬浮剂800~1000倍液，间隔15~20天，连喷2~3次，保护果实和枝干。

3. 枣炭疽病

（1）症状

①果实受害：初期果肩或胴部出现暗褐色水浸状小斑点，后扩大为圆形或椭圆形病斑，凹陷并密生黄褐色小颗粒（病原菌分生孢子盘），潮湿时溢出粉红色黏状物（分生孢子堆）；病果易脱落，未脱落果实味苦、失去食用价值。

②叶片受害：少数情况下叶片出现黄褐色不规则斑点，边缘褐色，严重时叶片早落。

（2）发生规律

病原菌为真菌（胶孢炭疽菌），以菌丝体或分生孢子盘在病果、枝条、枣吊上越冬，次年6~7月借风雨、昆虫（如蚧壳虫、叶蝉）传播，从果实皮孔或伤口侵入。

南疆8～9月果实成熟期，高温高湿（尤其是雨后）易暴发，果实伤口多、树势衰弱、通风透光差的果园发病重。

（3）防治技术

①清除病原：冬季彻底修剪病枝、虫枝，清除落地病果和残枝，集中烧毁或深埋；生长期及时摘除病果，减少田间再侵染源。

②保护果实：坐果后（6月下旬）进行果实套袋，选择防水、透气的专用纸袋，套袋前喷施1次杀菌剂（如10%苯醚甲环唑2000倍液），减少病菌带入。

③萌芽前（3月中下旬）：全树喷施3～5波美度石硫合剂，或45%石硫合剂晶体30倍液，杀灭枝干和残留在树上的病菌。

④生长期预防（6～7月）：喷施80%代森锰锌可湿性粉剂600～800倍液，或75%百菌清可湿性粉剂600倍液，间隔15天，连喷2次，保护果实和叶片。

⑤发病初期（8月上中旬）：喷施25%咪鲜胺乳油1500～2000倍液，或50%多菌灵可湿性粉剂600倍液+25%嘧菌酯悬浮剂1500倍液，重点喷施果实，间隔10～15天，连喷2～3次，注意药剂轮换使用以避免产生抗药性。

4. 枣锈病

（1）症状

①叶片受害：初期叶背出现绿色小点，后形成黄褐色凸起的小疱（夏孢子堆），破裂后散出黄褐色粉末（夏孢子）；后期叶片失绿早落，影响树势和果实发育。

②果实受害：轻度发病时果实无明显症状，严重时果实提前脱落，含糖量降低。

（2）发生规律

病原菌以夏孢子在病残体或多年生枣树上越冬，次年6～7月借风雨传播，高温高湿（尤其雨季）是发病的主要诱因，南疆7～8月为发病高峰期。

通风不良、密植果园或树势衰弱时发病较重。

（3）防治技术

①合理修剪：疏除过密枝、下垂枝，增强树冠通风透光性；冬季清园，彻底清除病叶、病枝，集中烧毁或深埋，减少病原基数。

②加强土肥水管理：增施有机肥和磷钾肥（如硅钙钾肥），避免偏施氮肥，增强树体抗病能力；雨季及时排水，降低果园湿度。

③发病前预防：6月中下旬喷施1∶1∶200倍波尔多液，或70%代森锰锌可湿性粉剂600~800倍液，间隔15~20天，连喷2次。

④发病期治疗：初见夏孢子堆时，喷施25%三唑酮可湿性粉剂1500~2000倍液，或43%戊唑醇悬浮剂3000~4000倍液，间隔10~15天，连喷2~3次。

（二）主要虫害及其防治技术

1.枣瘿蚊（枣蛆）

（1）危害特征

①幼虫危害：幼虫吸食枣芽、嫩叶和幼果的汁液，导致叶片卷曲、畸形，幼果脱落，严重影响新梢生长和坐果率。

②成虫特征：体长1.5~2毫米，黑红色，触角细长，卵产于未展开的芽鳞内或叶背。

（2）发生规律

一年发生3~4代，以老熟幼虫在土壤中越冬，次年4月中旬枣树萌芽期成虫羽化，5月上旬为第1代幼虫危害高峰期，以后各代重叠发生，直至9月下旬。土壤湿度高、杂草丛生的果园发生较重。

（3）防治技术

①土壤处理：秋季采果后深翻树盘（20~30厘米），破坏幼虫越冬场所；春季萌芽前清除果园杂草，减少成虫栖息环境。

②物理防治：成虫期利用黄色粘虫板（每亩悬挂20~30块）诱杀，或在果园周边安装频振式杀虫灯（每30~50亩1盏），诱杀成虫。

③萌芽期(4月中下旬)：地面喷施50%辛硫磷乳油300倍液，或48%毒死蜱乳油500倍液，杀灭出土幼虫和蛹，施药后浅耙土壤。

④新梢期（5月上中旬）：叶面喷施1.8%阿维菌素乳油2000~3000倍液，或10%吡虫啉可湿性粉剂1500~2000倍液，重点喷施芽梢和叶背，间隔7~10天，连喷2次。

2. 红蜘蛛（叶螨）

（1）危害特征

成螨和若螨聚集在叶片背面吸食汁液，初期叶片出现黄白色小点，后逐渐扩大成苍白色斑块，严重时叶片干枯脱落，果实生长受阻，含糖量降低。高温干旱时繁殖迅速，短期内可造成大面积危害。

（2）发生规律

一年发生10~15代，以雌成螨在树皮裂缝、土壤缝隙或杂草根部越冬，次年4月下旬枣树展叶后开始危害，6~8月高温干旱期为危害高峰期。密植园、通风不良或过度干旱的地块发生较重。

（3）防治技术

①清除越冬场所：冬季刮除树干老皮，集中烧毁；早春清除果园及周边杂草，减少越冬基数。

②合理灌溉：避免过度干旱，维持果园适度湿度（可采用微喷灌增加空气湿度），抑制红蜘蛛繁殖。

③保护天敌：如瓢虫、草蛉、捕食螨等，减少广谱性杀虫剂的使用；可人工释放捕食螨（如胡瓜钝绥螨），每亩释放1万~2万头。

④萌芽前喷药：喷施3波美度石硫合剂，杀灭越冬成螨。

⑤危害初期喷药：5月中下旬喷施20%哒螨灵乳油1500~2000倍液，或43%联苯肼酯悬浮剂3000~4000倍液，重点喷施叶片背面，间隔10~15天，连喷2次；严重时可混配1.8%阿维菌素乳油2000倍液，提高速效性。

3. 枣尺蠖（枣步曲）

（1）危害特征

幼虫取食新芽、叶片和花蕾，严重时将叶片吃光，导致二次萌芽，影响当年产量和次年花芽分化。

（2）发生规律

一年发生1代，以蛹在树冠下土壤中越冬，次年3月下旬至4月上旬成虫羽化，产卵于树干或枝条上，4月中下旬幼虫孵化，5月为危害盛期，幼虫具有"吐丝下垂"习性，可借风力扩散。

（3）防治技术

冬季在树干周围1米范围内深翻土壤，捡拾越冬蛹并集中销毁。

①物理方法：3月中下旬在树干基部绑扎宽15~20厘米的塑料薄膜（或缠胶带），阻止雌成虫上树产卵，每天清晨人工捕杀薄膜下成虫；或涂抹粘虫胶粘住成虫。

②喷药防治：幼虫3龄前（叶片未完全展开时）喷施20%氯虫苯甲酰胺悬浮剂3000倍液、25%灭幼脲悬浮剂1500倍液或50%辛硫磷乳油1000倍液，毒杀幼虫。

4.枣黏虫（枣镰翅小卷蛾）

（1）危害特征

幼虫吐丝黏合叶片或嫩梢，匿居其中取食叶肉，导致叶片残缺不全，严重时整枝枯萎，影响果实发育。

（2）发生规律

一年发生3~4代，以蛹在粗树皮裂缝或落叶中越冬，4月上旬成虫羽化，产卵于叶片背面或嫩芽上，5~9月各代幼虫陆续危害。

（3）防治技术

①果园卫生：冬季刮除树干老皮，清除果园落叶和杂草，消灭越冬蛹；生长期人工摘除虫苞，集中杀灭幼虫。

②喷药防治：各代幼虫孵化初期（5月上旬、6月下旬、8月上旬）喷施2.5%溴氰菊酯乳油2000倍液、48%毒死蜱乳油1000倍液或20%除虫脲悬浮剂3000倍液，重点喷施叶背和虫苞。

5.桃小食心虫

（1）危害特征

①幼虫蛀食果实：从果实胴部蛀入，在果肉内串食，形成弯曲虫道，粪便堆积在果内（"豆沙馅"），导致果实畸形、脱落或失去食用价值。

②成虫特征：体长7~8毫米，灰褐色，前翅近前缘有1个蓝黑色三角形大斑。

（2）发生规律

一年发生1~2代，以老熟幼虫在土壤中结茧越冬，次年6月中下旬遇雨后成虫羽化，7月上中旬为第1代幼虫蛀果高峰期，8月下旬至9月可能发生第2代。土壤湿度高（尤其雨后）有利于成虫羽化，对杂草多、管理粗放的果园危害较重。

（3）防治技术

①地面阻隔：成虫羽化前（6月上旬），在树盘覆盖地膜（边缘用土压实），阻止成虫出土；或在地面铺设反光膜，干扰成虫产卵。

②地面毒杀：6月中旬（雨后土壤湿润时），喷施50%辛硫磷乳油300倍液，或48%毒死蜱乳油500倍液于树盘内，杀灭出土幼虫和蛹，施药后浅翻土壤。

③喷药防治：成虫产卵期（7月上旬）和幼虫孵化期（7月中下旬），喷施2.5%溴氰菊酯乳油2000~3000倍液，或20%氯虫苯甲酰胺悬浮剂5000倍液，重点喷施果实和叶背，间隔10天，连喷2次。

6.枣实蝇

（1）危害特征

幼虫在果实内取食，造成果实畸形、早落，严重时全园被害率可达80%以上。

（2）发生规律

一年发生1~2代，以蛹在土壤中越冬，5月下旬至6月上旬成虫羽化，产卵于幼果内，7~8月幼虫孵化后蛀食果肉，导致果实腐烂脱落。

（3）防治技术

①检疫：严格执行检疫制度，禁止从疫区调运苗木和果实；及时清除落果

和虫果,集中深埋或焚烧。

②成虫羽化初期喷药:5月下旬喷施4.5%高效氯氰菊酯乳油1500倍液+3%啶虫脒乳油1000倍液,每隔7~10天喷1次,连喷2~3次,杀灭成虫。

③幼果期喷药:6月下旬至7月上旬选用1.8%阿维菌素乳油2000倍液、2.5%溴氰菊酯乳油2000倍液喷雾,重点喷施果实和叶背。

7. 枣星天牛

(1)危害特征

幼虫蛀食主干和主枝,导致树干中空,树势衰弱,易风折,严重时整株枯死。

(2)发生规律

2~3年发生1代,以幼虫和成虫在树干蛀道内越冬,5~6月成虫羽化,咬食嫩枝皮层,产卵于树干基部皮层下,幼虫孵化后蛀食木质部,形成蛀道。

(3)防治技术

①人工捕杀:在成虫期(5~6月)进行人工捕杀;用铁丝钩杀蛀道内幼虫,或用棉花蘸取50%敌敌畏乳油50倍液堵塞蛀孔,外用泥封口毒杀幼虫。

②树干保护:冬季用生石灰10份、硫磺1份、水40份混合液涂刷树干(离地1米以下),防止成虫产卵。

8. 枣蚧壳虫(龟蜡蚧、草履蚧)

(1)危害特征

若虫和成虫固定在枝干、叶片或果实上吸食汁液,导致树势衰弱、叶片黄化、果实畸形,同时分泌蜜露诱发煤污病,影响光合作用。蚧壳虫体表覆盖蜡质层,化学防治难度较大。

(2)发生规律

一年发生1~2代,以雌成虫或若虫在枝干上越冬,次年4~5月开始危害,6~7月为若虫孵化盛期(此时蜡质层未形成,是防治关键期)。

(3)防治技术

①人工清除:冬季结合修剪,剪除蚧壳虫聚集的枝条;用硬毛刷清除枝干

上的蚧壳虫,减少越冬基数。

②合理修剪:增强树冠通风透光性,抑制蚧壳虫繁殖。

③萌芽前喷药:喷施5波美度石硫合剂,或45%石硫合剂晶体30倍液,杀灭越冬蚧壳虫。

④若虫孵化期喷药:6月上中旬喷施48%毒死蜱乳油1000倍液+10%吡丙醚乳油2000倍液(杀成虫和卵),或25%噻嗪酮可湿性粉剂1500倍液。重点喷施枝干和叶片背面,间隔15天,连喷2次。

9. 香梨优斑螟

在南疆红枣发展过程中,香梨优斑螟对南疆枣树危害渐重,严重影响枣树生长、产量和果实品质。

（1）危害特征

①枝干损伤:香梨优斑螟幼虫在枣树枝干伤口或老翘皮下,蛀食韧皮部形成不规则隧道,阻断树体养分运输,影响枣树发育。

②树势衰弱:树体养分受阻,枝条生长缓慢、叶片发黄变小,树冠稀疏,抗逆性降低,易受其他病虫害侵袭。

③枯枝死树:危害严重时,幼虫蛀食致枝条干枯、整株死亡。

④伴随腐烂病发生:幼虫蛀孔为腐烂病菌提供入侵途径,二者相互作用,加剧树体病变,增加防治难度。

（2）发生规律

一年发生3代,第2代成虫密度最高,以3~5龄幼虫在树干、侧枝翘皮裂缝、腐烂病斑和果实内越冬。库尔勒香梨园中,其在垂直方向集中于距地面50~100厘米处,水平方向在距主干30~90厘米的侧枝呈聚集分布,可为南疆红枣园防治提供参考。

（3）防治技术

①糖醋液诱杀:糖醋液可诱杀成虫,常规配方为糖:醋:酒:水=3:4:1:2。成虫羽化初期,每亩挂3~5个诱捕器,高1.5~2米。为提高选择性,可改良糖醋液,如调整糖类成分、筛选醋酒组合、添加引诱剂或抑制剂,同时考虑其对容

器颜色趋性及空间分布放置诱捕器。

②灯光诱杀：425nm黑光灯诱虫效果好，枣园每隔30~50米设一盏，灯高1.5~2米，成虫羽化期日落至日出开启，可诱捕成虫并监测虫情。

③刮树皮：冬春刮除主干、主枝老翘皮，深度至浅褐色皮层，刮下树皮集中处理，可减少越冬场所。

④利用天敌：枣园周边种植蜜源植物，吸引寄生蜂等天敌，控制害虫种群数量。

⑤微生物制剂：幼虫期用白僵菌、绿僵菌菌液喷雾，温度20℃~30℃、湿度80%以上时效果佳。

⑥喷药防治：在卵孵化盛期和幼虫初期喷药防治，喷药时枝干、叶片及地面都要喷施均匀，可选药剂有2.5%溴氰菊酯乳油2000~3000倍液、5%高效氯氟氰菊酯乳油1500~2500倍液等。

⑦合理修剪：及时去除病枝、虫枝、枯枝和过密枝，改善通风透光，剪下的枝条集中处理。

⑧加强栽培管理：合理施肥，增施有机肥和磷钾肥，控施氮肥，依枣树需水规律灌溉排水，清理杂草落叶，减少害虫越冬场所和食物来源。

10. 绿盲蝽蟓

（1）危害时期与症状

①萌芽期：若虫和成虫刺吸嫩芽、幼叶，导致新芽萎缩、畸形甚至干枯脱落，影响树体生长。

②花期：刺吸花蕾和花器，造成花蕾脱落、畸形花增多，坐果率显著下降。

③幼果期：刺吸幼果表面形成褐色小点，随果实膨大发展为凹陷斑，严重时开裂、脱落。

④果实膨大期：危害处组织木栓化，形成"破头疯""疙瘩果"，表面粗糙，丧失商品价值。

（2）发生规律

①世代与越冬：在南疆一年发生3~5代，以卵在枣树枝条、剪口、老皮裂

缝、杂草或土壤中越冬。

②活动习性：成虫喜温暖湿润环境，具趋光性和迁飞性，昼伏夜出，清晨和傍晚活跃。

③暴发条件：春季气温回升早、降水多或灌溉频繁时虫口基数大；果园杂草丛生、通风差会加重危害。

（3）防治技术

①果园卫生：冬季修剪病枝、虫枝、枯枝，刮除树干老皮并集中烧毁或深埋，破坏越冬卵生存环境。

②萌芽前喷药：春季萌芽前，对树干、主枝及地面喷施3～5波美度石硫合剂，杀灭残留虫卵。

③清除杂草：及时清除果园及周边藜科、禾本科等杂草，减少中间寄主和早春虫源。

④优化种植结构：避免红枣与棉花、苜蓿等绿盲蝽蟓喜食的作物邻作，减少害虫迁移危害。

⑤灯光诱杀：成虫发生期（5～8月），每亩设置1～2盏频振式或太阳能杀虫灯，利用趋光性诱杀。

⑥色板诱捕：在枣园悬挂黄色或绿色粘虫板（高出树冠30厘米），每亩挂30～40块，诱杀成虫和若虫。

⑦保护天敌：保护寄生蜂（如盲蝽黑卵蜂）、草蛉、猎蝽、蜘蛛等天敌，避免滥用广谱性杀虫剂。

⑧生物药剂：发生初期选用1.8%阿维菌素乳油2000～3000倍液、0.3%苦参碱水剂800～1000倍液喷雾，兼顾防治与环保。

⑨萌芽期喷药：4月中下旬为越冬卵孵化高峰期，喷施5%啶虫脒乳油1500～2000倍液或10%吡虫啉可湿性粉剂2000倍液，杀灭初孵若虫。

⑩花期前后：5月中旬至6月上旬为防治关键期，选用25%噻虫嗪水分散粒剂5000～6000倍液或4.5%高效氯氰菊酯乳油1000～1500倍液，重点喷施花蕾、嫩梢和叶背。

⑪ 幼果期：6月下旬至7月若虫危害严重时，用10%溴氰虫酰胺悬浮剂1500~2000倍液喷雾，间隔7~10天再喷1次，抑制成虫产卵。

⑫ 果实膨大期：8月以后，根据虫情选用低毒低残留药剂，如10%烯啶虫胺水剂2000倍液，避免药剂残留。

五、提高坐果率技术措施

红枣花期是决定产量的关键时期，南疆地区枣树花期常因低温、干旱、多风、连阴雨等不良气候，以及土肥水管理、整形修剪不到位等问题，导致落花落果严重。加强土肥水管理，合理修剪，通风透光良好，树体健壮是提高坐果率的基础。提高红枣坐果率的主要方法有开甲、放蜂、喷水、喷硼和喷施植物生长调节剂等。

（一）开甲（环剥）技术

1. 适用树龄

树体直径10厘米以上、生长旺盛的成龄树，初次环剥在距地面30厘米处主干部位进行。

2. 开甲时期

盛花期（60%~70%枣花开放时），选晴天上午进行。

3. 甲口宽度

环剥宽度为树干直径的1/10（一般3~5毫米），深度以切断韧皮部但不伤及木质部为宜。

4. 甲口保护

开甲后每隔7~10天，在甲口内涂50~100倍液的吡虫啉、西维因等杀虫剂，共涂抹2~3次；对已受甲口虫危害、愈合不好的甲口，应在甲口处抹泥，缠绑塑料布，促使愈合。

（二）花期放蜂

枣树是典型虫媒花，蜜蜂是主要传粉昆虫。花期每亩放置1~2箱蜜蜂，蜂箱均匀放在枣园中间，间距不超过300米，放蜂前10天停止喷施杀虫剂，利用昆虫提高授粉率，可使坐果率提高1倍以上。

（三）花期喷水

南疆枣区花期常遇干旱，空气湿度低，枣花粉发芽需湿度80%~100%。在盛花期前后，根据干旱程度喷水，一般年份2~3次，严重干旱年份3~5次，每次间隔1~3天。高温干旱天气（气温≥30℃、空气湿度<30%），于上午10点前或傍晚对树冠喷水，以叶片滴水为准，每天1次，连续2~3天，提高空气湿度，促进授粉受精。

（四）花期喷硼

硼能促进花粉萌发和花粉管生长，花期喷施浓度为0.2%~0.3%的硼砂或硼酸溶液，可明显提高坐果率。花前3~5天可加喷1次1500倍液硼肥，减少花器发育不良导致的落蕾。

（五）花期喷赤霉素

盛花初期（30%花朵开放时），喷施15~20毫克/千克赤霉素1~3次，每次间隔5~7天，可提高坐果率。注意仅限于花期施用，果实发育期喷施会降低果实品质。喷施赤霉素时可配合喷施0.01%芸苔素内酯2000倍液，增强花器抗逆性，减少因低温或干旱导致的落花。

六、果实采收

南疆红枣采收晚，成熟后在树上吊干，采收时树上枣果基本可达到干制红枣对水分含量的要求。

（一）人工采收技术

1.适用范围

干枣和鲜枣都可以人工采收。树上吊干的红枣收获期集中在10月25日—11月15日。

2.采收步骤

①打落：通过轻晃树干或木棍轻击树枝，利用枣果自然离层特性使其掉落。

②集条：人工背负吹风机（如背挂式吹风机），通过风力将地面红枣聚拢成条，同步减少杂质（如叶片、尘土等）。

③捡拾：使用铲子、簸箕等工具收集红枣。

④除杂：采用风力分选（自然风或机械风力）分离杂质，确保果实洁净。

3. 手工采收的优点

①对果实损伤小，适合小规模枣园或地形复杂区域。

②工具简单易操作，集条环节通过吹风机提升效率。

（二）机械采收技术

1. 适用机型

以自走式红枣收获机为主，适配行距≥2米的规范化枣园。

2. 作业流程

（1）吸捡

第一位工人手持吸风管对准地面红枣，通过机器负压气流吸捡果实，同时初步分离轻杂质（如碎叶）。

（2）操控

第二位工人负责驾驶机器，控制行进速度与路线。

（3）收集

第三位工人实时更换装满红枣的集果箱，确保连续作业。

（4）技术优势

①显著提升采摘效率（较人工大幅减少劳动时间），降低人工劳动强度。

②适合规模化、行距规范的枣园。

（三）采收机械化程度分析

1. 机型单一

南疆红枣采收机械机型单一，目前以自走式收获机为主，需3人协同作业，尚未实现全流程自动化，红枣打落环节仍依赖人工或传统方式。

2. 适用场景限制

采收机械仅适用于行距≥2米的枣园，对密植园或地形复杂区域适应性较差。

3.效率对比

机械采收通过"吸捡—输送—收集"一体化设计,大幅缩短单亩采收的时间,减少人力投入(3人团队即可完成机械化作业),但需前期人工配合完成打落步骤。

4.技术瓶颈

(1)机械化流程未覆盖"打落—集条"环节,仍需人工辅助。

(2)设备对行距标准化要求较高,与部分传统密植园(行距<2米)适配性不足。

（四）技术特点比较

人工采收和机械采收特点比较见表1-5。机械采收尽管技术不成熟,自动化程度不高,但采收效率已是人工采收的5倍。

表1-5 人工采收和机械采收特点比较

	人工采收	机械采收
核心工具	木棍、吹风机、铲子、簸箕、风力分选机	自走式红枣收获机 (含吸风管、集果箱)
作业模式	纯人工或半机械 (仅集条环节用吹风机)	3人协作机械化作业
效 率	集条环节通过吹风机提升效率约30%	整体效率较人工提升5倍以上
适用场景	小规模、非规范化枣园	规模化、行距≥2米的规范化枣园

（五）机械化采收发展趋势

当前,南疆红枣采收呈现"人工为主、机械为辅"的格局,机械采收技术尚处于推广初期,主要服务于集约化枣园。未来随着行距标准化改造(如推广宽行距种植)和设备升级(如集成打落功能的全流程采收机),机械化程度有望进一步提升,逐步实现"减人工、提效率"的产业需求。

七、枣园机械

枣园机械化管理对于提升南疆红枣产业的生产效率、果品质量,以及降低成本具有重要意义。然而,当前南疆枣园各管理环节的机械化程度参差不齐,存在诸多问题与挑战。以下是对各环节机械化程度现状的详细分析。

(一)植保机械

在南疆红枣园植保作业中,植保机械的应用呈现出多样化的特点,不同类型的植保机械在作业效果、效率和适用性上存在明显差异。

1. 人力施药机械

人力施药机械仍占据一定比例,主要设备包括手动压缩式喷雾器、手动背负式喷雾器、踏板式喷雾器以及手摇喷粉器等。然而,这类机械多采用粗放喷洒方式,存在诸多弊端。由于喷雾压力低、射程短,施药液量过大且雾化性能不佳,农药无法精准均匀地喷洒到目标区域,大量农药被浪费在空气中或非靶标植物上,不仅作业效率低下,农药有效利用率也极低。这不仅造成了资源的浪费,还易使枣果上的农药残留超标,同时对周边环境造成污染,仅适用于小面积或小规模果园的局部防治。

2. 机动药械

汽油自走式手推喷药机和担架式喷雾机因体积小、便于转移作业,省力高效,在南疆枣园应用广泛。两人就可抬起搬运,也能装载在机动三轮车上作业,一定程度上提高了作业效率。相较于人力施药机械,其动力驱动的方式减少了人力消耗,能够在较大面积的枣园中进行植保作业,满足了中等规模枣园的基本需求。

3. 喷雾机

随着林果业的发展,喷雾机逐渐得到推广。其通过压力和雾化技术将药液均匀喷洒到作物表面,喷雾范围和作业速度可调节,由拖拉机牵引,移动方便、操作简便、适用性强、造价低廉,作业效率高且对操作人员损害小,能满足生产要求,部分性能甚至超过国外同类设备。喷雾机的出现,标志着南疆枣园植保作业向机械化、高效化迈出了重要一步,尤其适合大规模枣园的统一植保管理。

4. 农用无人机

目前，不少枣园开始使用农用无人机喷药，其搭载高清相机和红外传感器，可快速扫描果园并提取作物信息，帮助农民进行多项管理工作，实时监测作物生长和病虫害情况，具有高效、快速、准确等优点，能降低劳动强度。但该技术也存在明显缺陷，成本高是推广的主要障碍，需政府补贴才能普及。此外，存在药物高空雾化飘移、利用率不高、穿透力不强、枝叶受药不均匀等问题，影响植保作业效果，特别是在枣树茂密的区域，难以保证每一片枝叶都能得到有效的药物覆盖。

（二）施肥机械

南疆红枣园施肥作业方式多样，但问题也较为突出，主要包括人工挖穴施肥、机械化施肥和水肥一体化施肥等方式。其中，机械化施肥包括开沟施肥、挖穴施肥、气爆深松施肥和注射施肥等，开沟施肥是常用方式，作业机具以开沟机或小型挖掘机为主。目前，新疆多采用圆盘式开沟机施肥，但开沟深度浅，导致肥料难以深入土壤，影响根系吸收，降低了肥料利用效果。为解决这一问题，需对刀具进行受力分析试验并优化设计，以提高开沟深度和质量。同时，施肥机应向智能化发展，如安装传感器实现精准对靶施肥，根据土壤肥力和枣树生长需求精确控制施肥量和施肥位置等。然而，矮化密植模式下的枣园，因行距窄，大型机械难以进入，无法进行机械开沟施肥，限制了机械化施肥在这类枣园中的应用。

（三）整形修剪机械

南疆红枣果园整形修剪工作主要依靠人工，借助简单手动或电动修剪机械。而适合规模化修剪的专用机具匮乏，国内对果园作业平台和修剪机具研究起步晚、技术落后。虽已研发出牵引式和自走式作业平台，但可用于规模化高效修剪的设备仍较少，多数果园靠人工或简单小型机械修剪，工作效率低下。随着劳动力成本的上升，这种依赖人工的修剪方式越来越难以满足规模化枣园的管理需求，高效修剪装备的研制与推广迫在眉睫，否则将严重制约红枣产业的经济效益和发展速度。

（四）采收机械

枣果机械化采收装置分采摘装置和收集装置。国内机械化采摘装置有便携式坚果采摘器、振摇式干坚果收获机、蜈蚣形采摘踏板等，振摇法应用广泛。南疆红枣采收主要采用三点悬挂的振动收获机械，靠拖拉机提供动力使红枣落地后人工捡拾。但落地后机械化收集去杂装置尚在研发中，采摘、输送、清选等收集装置的集成与配套远未实现，与国外高度机械化的采收作业仍差距较大。目前的采收方式虽然在采摘环节实现了一定程度的机械化，但收集环节仍依赖人工，导致整体采收效率不高，劳动强度大，亟须引进或研发相关装置并实现集成配套以降低收获成本，提升红枣采收的机械化水平。

总体而言，南疆枣园管理各环节机械化虽在部分领域有一定发展，但整体水平较低。植保机械中人力施药机械问题较多，先进设备推广面临成本和技术难题；施肥机械存在开沟深度和智能化不足以及行距限制问题；整形修剪机械专用高效装备匮乏；采收机械采摘与收集环节发展不协调。为提升南疆枣园管理机械化水平，需加大研发投入，解决技术难题，提高设备适用性，同时政府应给予一定的政策支持和补贴，促进枣园机械化发展。

八、南疆红枣优生区的划分

南疆地域广阔，各地的气候条件有明显差异。枣树的生长与果实品质、气候条件密切相关，光照时数越长、有效积温越高、昼夜温差越大、降雨量越少、无霜期越长的地方越适合高质量枣果的生产。根据南疆各地的主要气候条件（见表1-6）和适生区气候条件划分标准（见表1-7），将南疆红枣划分出最优适生区、优生区、适生区和次适生区（见表1-8）。

在南疆红枣种植结构调整时，优先缩减次适生区，将种植向优生区和最优适生区集中和转移。

表1-6 南疆红枣主产县（市）主要气候指标比较

枣产区		年均温 （℃）	无霜期 （天）	生长季 ≥10℃积温 （℃）	成熟期 降水量 （mm）	6—10月份 日照时数 （h）	日照 百分率 （%）
喀什地区	喀什市	12.65	233.7	4365.78	7.86	1481.03	67.70
	麦盖提县	12.20	222.5	4320.78	9.38	1392.25	68.45
	巴楚县	12.53	224.6	4462.66	4.86	1376.35	68.20
	莎车县	12.21	228.0	4257.36	1.66	1358.59	68.25
阿克苏 地区	阿克苏市	11.18	222.3	4085.98	8.34	1411.60	67.35
	库车市	11.15	218.0	4089.25	3.74	1358.14	67.20
	柯坪县	11.68	218.0	4268.53	6.39	1273.94	60.65
	沙雅县	12.05	223.3	4434.33	1.73	1433.57	72.95
	阿拉尔市	10.80	205.3	4049.13	2.75	1400.33	71.70
和田地区	和田县	13.49	246.8	4545.02	2.06	1258.25	58.20
	民丰县	12.41	216.2	4321.10	1.06	1323.09	63.80
巴州	若羌县	12.24	210.5	4467.42	0.94	1414.43	69.55
	且末县	11.12	204.9	4115.40	0.20	1263.22	64.35
哈密市	哈密市	10.38	187.8	4126.21	2.87	1587.82	82.40
吐鲁番市	鄯善县	12.42	217.3	4801.08	0.78	1538.80	74.80

表1-7 南疆红枣适生区等级划分标准

适生区 等级	年平均温度 （℃）	无霜期 （天）	生长季积温 （℃）	极端最低气 温（℃）	≤-20（℃） 的天数（天）	生长季 干燥度
最优适 生区	>12.0	>210	>4300	≥-23	<2	>16.0
优生区	11.1~12.0	191~210	4001~4300	≥-25	2~4	10.1~16.0
适生区	10.0~11.0	180~190	3700~4000	≥-28	5~7	3.5~10.0
次适生区	<10	<180	<3700	<-28	>7	<3.5

表1-8　南疆红枣不同适生区划分结果

适生区等级	地区和县（市）
最优适生区	喀什地区：麦盖提县和莎车县东部。 阿克苏地区：沙雅县中南部。 巴州：若羌县西部和且末县南部。 和田地区：洛浦县、策勒县、于田县、民丰县、和田县北部、皮山县北部。
优生区	喀什地区：喀什市、巴楚县、疏勒县、岳普湖县、伽师县、莎车县西部和叶城县北部。 阿克苏地区：阿克苏市、温宿县南部、沙雅县西北部、柯坪县东部、库车市和阿拉尔市南部。 巴州：且末县北部、若羌县中西部、尉犁县西部、轮台县和库尔勒市西南部。 和田地区：和田县南部和皮山县南部。
适生区	喀什地区：叶城县南部、英吉沙县、疏附县和莎车县南部。 克州地区：阿图什市、乌恰县东部和阿克陶县东部。 阿克苏地区：温宿县北部、柯坪县西部、新和县、乌什县、拜城县西部和东部及阿拉尔市北部。 巴州：和静县西部、焉耆回族自治县、博湖县、和硕县北部、尉犁县东部和若羌县中东部。 吐鲁番市：托克逊县、吐鲁番市和鄯善县西部。
次适生区	喀什地区：塔什库尔干塔吉克自治县。 阿克苏地区：拜城县中部。 巴州：和静县东部、和硕县北部和若羌县东部，克州的阿合奇县和乌恰县西部。 吐鲁番市：鄯善县东部。 哈密：哈密市。

第四节　南疆红枣加工情况

一、红枣企业基本情况

据统计，截至2024年底，新疆维吾尔自治区有红枣企业244家，企业名录见附录1。分布在10个地州（见图1-12）。拥有30家以上企业的地州有阿克苏地区、喀什地区、和田地区、巴州，其企业数量之和约占全疆红枣企业总数的89.8%；拥有5~10家企业的地州有吐鲁番市、哈密市、乌鲁木齐市，其企业数量之和约占全疆红枣企业总数的7.8%；拥有小于5家企业的地州有克州、塔城地区、昌吉州等地区，其企业数量之和约占全疆红枣企业总数的2.4%。

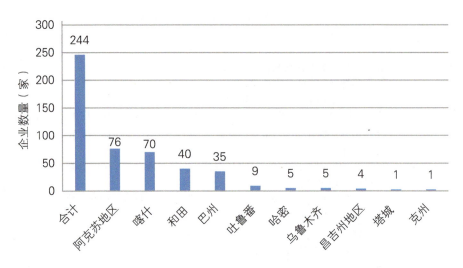

图1-12　2024年红枣企业分布情况

2023年，新疆红枣总加工量约24.5万吨。初加工（烘干、分级）占比70%，深加工（枣粉、枣醋等）占比30%。

二、加工设备

（一）加工分选设备

1. 滚杠提升机

红枣原料被送入喂料口，借助滚杠的提升作用，进入清洗设备。在提升过程中，红枣中的部分杂质会通过滚杠间隙被有效去除。

2. 风力分选设备

在滚杠提升之后，原料进入清洗设备之前，加入气力风选设备，以去除红枣中的杂草、树叶、浮土等杂质。轻质杂质被出料口的负压吸引并排出，在车间外统一收集。较重的杂质则通过下料筛网分离。风力分选利用了不同物质因重量差异导致的悬浮速度不同的原理，通过调节气流大小，能有效清除红枣中的其他杂质。

（二）红枣清洗设备

1. 气泡清洗机

箱体内配备高压风机，能够产生气泡，使红枣在气泡清洗机中经过剧烈翻滚，从而有效去除表面附着物。出料口设置有高压喷淋系统，可对原料进行进一步的清洗。此外，箱体内还安装了加热装置，通过热水浸泡物料，使红枣皱褶中的杂质更容易被清洗干净，从而提升清洗效果。

2. 毛刷清洗机

当红枣被送入毛刷清洗设备中，随着毛刷的旋转，附着在红枣表面的杂质被有效清除。同时，红枣在转动过程中相互摩擦，进一步提升了清洗的效率。在毛刷清洗机中整合了高压淋水系统，它能彻底冲洗掉红枣表面的杂质，随后红枣被送入水箱进行下一步处理。

3. 高压清洗机

经过清洗的红枣，进入高压清洗设备，利用高压清水对红枣表面进行强力冲洗，以去除表面的杂质。

（三）脱水设备（滚杠沥水和风力脱水设备）

清洗后，红枣表面会残留水分，这可能会影响后续的干燥过程和产品的最终质量。因此，红枣会被送入滚杠沥水设备中，通过风机产生的高压风力吹拂，有效去除红枣表面的多余水分。

（四）红枣烘干设备

微波红枣烘干设备广泛应用于新疆大枣、整枣、和田玉枣、灰枣、若羌骏枣等多种枣产品的烘干、清洗及杀菌处理。作为节能环保、高效的新型红枣加工设备，微波红枣烘干机通过微波技术实现烘干与杀菌，确保烘干后的红枣色泽鲜亮、营养成分保持不变，口感极佳，成为众多红枣加工厂家的首选。此外，该设备亦适用于其他食品的烘干，真正实现了一机多用。

三、加工技术

（一）初加工技术

南疆红枣初加工以干燥技术为核心，通过技术创新解决传统晾晒的弊端，提升产品品质与稳定性。主要技术包括：

1. 热风干燥技术

原理：利用热空气作为介质，通过风机循环传递热量，加速红枣水分蒸发。

优势：设备成熟、操作简便，适合批量生产。通过温湿度精准控制（55℃~65℃），可制得含水率23%~26%的高品质干枣，并保留其糖分与风味。

应用：南疆企业普遍采用烘房加工，结合太阳能辅助干燥，缩短周期并降低能耗。

2. 微波干燥技术

原理：通过微波与物料极性分子共振产生热能，实现快速均匀干燥。

优势：干燥速度比传统烘房快3~5倍（5~8分钟完成），减少营养流失，成品口感更接近鲜枣，枣香浓郁。

参数：功率50~150 kW，温度55℃~65℃，传送带速度3~5 m/min。

3. 真空冷冻干燥技术

原理：先冻结物料，再在真空下使冰晶直接升华，保留热敏性成分。

优势：最大限度保存维生素C、多糖等活性物质，产品复水性好，适合高端保健枣片、冻干枣粉等生产。

应用：用于制备红枣脆片、速溶枣粉等高附加值产品。

4. 远红外辐射干燥

原理：远红外线直接穿透物料表层，激发分子振动产热，实现内外同步干燥。

优势：能耗低、效率高，尤其适合红枣片、枣脯的快速脱水，减少褐变。

5. 射频热风联合干燥

原理：射频加热与热风循环结合，分阶段优化干燥过程。

优势：射频技术（27MHz）通过分子极化产热，加速深层水分迁移，联合热风提升效率，降低能耗20%～30%。

6. 喷雾干燥技术

原理：将枣汁雾化后与热空气接触，瞬间干燥成粉。

优势：干燥时间仅5～10秒，产品溶解性好，适合枣粉、速冻枣泥生产。天山枣业等企业采用该技术实现枣渣全利用，提取膳食纤维及色素。

（二）精加工技术

南疆红枣精加工聚焦高附加值产品开发，结合生物技术与设备创新，形成多元化产品线。

1. 超高压杀菌技术

原理：在400～600 MPa压力下灭活微生物，保留营养与风味。

应用：用于枣汁、枣酒杀菌，抑制酶活性（如多酚氧化酶），可延长保质期至12个月以上。

2. 发酵工程技术

枣酒/枣醋：

工艺：多菌株联合发酵（如酵母菌+醋酸菌），优化乙醇转化率至8%～12%，总酸含量达3.5～4.5克/100毫升。

特色：低甲醇红枣白兰地（甲醇含量<0.4克/升），枣香浓郁，获市场认可。

枣酸奶：添加保加利亚乳杆菌与嗜热链球菌，开发含枣粒的发酵乳制品，提升蛋白质含量至3.2%。

3. 功能性成分提取技术

多糖提取：采用超声辅助低共熔溶剂法（DES），提取率8.33%（传统方法约5%），纯度达90%以上，用于保健品。

环磷酸腺苷（cAMP）：通过超临界CO_2萃取，得率提升至1.2毫克/克，用于抗肿瘤药物原料。

枣黄酮：酶法提取（纤维素酶+果胶酶），提取率1.8毫克/克，用于心血管保健产品。

4. 非热加工技术

高压脉冲电场（PEF）：用于枣汁灭菌，灭活率>99.9%，避免热敏成分损失。

臭氧杀菌：处理枣片、枣粉，杀灭霉菌孢子，延长货架期。

（三）技术创新与产业升级

1. 设备智能化

烘房配备温湿度自动监控系统，减少人为误差，干枣含水率波动<2%。

联合干燥设备（如微波—热风）实现能耗降低25%，效率提升40%。

2. 工艺标准化

制定《枣醋酿造技术规程》《冻干枣片生产标准》，确保产品一致性。

采用真空渗糖技术（糖度梯度控制），枣脯糖分渗透均匀，褐变率降低至5%以下。

3. 副产物综合利用

枣核提取皂苷，用于化妆品原料；枣皮制备天然色素（如枣红素），用于食品着色。

枣渣制备膳食纤维（得率15%）、活性炭（吸附力>600毫克/克），实现零废弃。

四、加工产品种类

南疆红枣加工产品种类丰富，涵盖初加工、精深加工及创新融合产品，结合传统工艺与现代技术，形成了多元化产品体系。

（一）初加工产品

1. 原枣干制产品

烘干枣/冻干枣：通过传统烘干或真空冷冻技术制成，保留红枣营养，冻干枣口感酥脆。

枣片：切片后油炸或烘干，制成即食零食（如油炸红枣脆片）。

2. 蜜饯类

金丝蜜枣、紫金枣：以红枣为原料，经糖渍、晾晒制成，甜度高且便于保存。

3. 简单搭配产品

枣夹核桃：红枣与核桃结合，兼具甜脆口感，成为网红食品。

枣泥：用于糕点、甜品原料（如红枣泥月饼）。

（二）精深加工产品

1. 饮品系列

枣汁/枣酒/枣醋：枣汁保留天然营养，枣酒（如红枣白兰地）和枣醋兼具保健功能。

枣茶/红枣姜茶：以红枣为核心原料的养生茶饮。

2. 功能性食品

枣粉/枣糖：枣粉用于烘焙或冲调（如红枣蛋糕），枣糖块可满足即食需求。

红枣多糖/黄酮提取物：用于保健品或药品，具有抗氧化、增强免疫力等功效。

3. 特色食品

红枣脆片：采用变温压差膨化技术制成酥脆零食。

红枣奶酪/挂面：以红枣粉为原料的创新食品（如玫瑰花红枣挂面）。

（三）创新融合产品

1. 含枣类食品

红枣粥/粽子：融入传统主食，提升风味。

红枣饮料：如果汁、植物蛋白饮料中的红枣风味产品，以及红枣功效型饮料（如养生复合药饮）。

2. 养殖与文旅相结合

"红枣鸡""红枣羊"：次级红枣用于饲料，提升肉类附加值。

红枣主题文旅：如红枣文化节、主题公园等，延伸产业链。

（四）深加工衍生品类

1. 发酵与复合产品

红枣酸奶：添加保加利亚乳杆菌等菌株制成。

红枣米糊/牛奶：红枣与小米、牛奶复合，调理脾胃。

2. 休闲与烘焙食品

枣派/果条/棒棒糖：枣味休闲零食，满足多样化需求。

红枣月饼/饼类：传统糕点中融入枣泥馅料。

3. 功能性包装创新

小规格包装：独立小袋、罐装、礼盒装，适配便携与礼品场景。

地域文化设计：包装融入新疆特色元素（如民族图案），增强品牌辨识度。

（五）技术驱动型产品

1. 冻干与超微粉体

冻干红枣片/粉：采用冷冻升华技术，保留色香味及营养成分。

超微枣粉：溶解性好，适用于冲调及烘焙。

2. 联产综合利用

"红枣汁—膳食纤维—枣皮色素—活性炭"联产：实现枣渣全利用，提取膳食纤维、色素及活性炭。

第五节　南疆红枣产业从业人员情况

一、种植从业人员情况

（一）种植人员数量

南疆地区红枣种植产业集聚效应显著，从业规模庞大，直接从事种植的从业人员约93万人，覆盖喀什地区、和田地区、阿克苏地区、克州四地州50余个县（市、区）及兵团系统。其中喀什地区从业种植人员为31.49万人，占比33.9%；和田地区17.81万人，占比19.1%；阿克苏地区9.52万人，占比10.2%；克州阿图什市4.10万人；巴州库尔勒市及若羌县4.68万人；兵团系统阿拉尔市10.00万人、铁门关市4.77万人、图木舒克市6.40万人、昆玉市4.80万人。带动直接种植农户30万~40万户(含家庭劳动力),占南疆农村家庭总数超20%。

(二)种植人员结构与特征

1.年龄与技能特征

劳动力结构:中老年群体(40岁以上)占比超60%,为核心劳动力,但技术迭代适应性较弱。

技能短板:传统经验依赖度高,在精准施肥、病虫害绿色防控、电商营销等现代技术应用中存在明显短板。

提升路径:70%以上受访者表示需系统性培训(如标准化种植技术、供应链管理等),以提升产业竞争力。

2.性别分工模式

劳动分工:男性主导田间管理(占比86.5%),女性承担采收、初加工(如枣泥制作)及家庭经营协调角色。

社会文化影响:家庭经营模式下,女性在产业链延伸(如枣醋酿造、电商销售)中参与度不足,政策需针对性支持性别平等赋权。

3.产业组织形态

规模化趋势:种植大户(50亩以上)与合作社占比提升至30%,推动"降高减密"等技术标准化,但小农户仍占70%。

组织化瓶颈:小农户陷入资金获取难(贷款覆盖率<45%)、市场信息不对称(价格波动应对能力弱)等瓶颈,需强化"企业+合作社+农户"联结机制。

二、加工从业人员情况

南疆是我国红枣种植与加工的重要基地,加工业的发展为当地提供了大量的就业岗位,但大部分林果加工企业在从事红枣加工的同时也加工其他果品,专门从事红枣加工的从业人员情况还没有准确统计数据。

截至2024年,喀什地区涉及红枣的加工企业及合作社超80家,其中规模以上企业约15家(如新疆果业集团麦盖提分公司、新疆闽龙达干果产业有限公司等),直接固定员工1.2万~1.5万人,采收季(9~11月)临时工需求达3

万~5万人/月。和田地区红枣加工直接从业人员2.3万~3万人（含固定与季节性用工），和田玉枣加工厂雇佣本地劳动力近2000人，带动周边合作社就业近5000人。阿克苏地区（含兵团）红枣加工从业人员5.2万~8万人（含固定与季节性用工）。

新疆生产建设兵团第一师阿拉尔市的红福天枣业，年加工能力2万吨，固定员工300人，电商团队200人，带动周边合作社季节性用工1500人/月；聚天红果业年加工3万吨，雇佣固定员工500人，采收季临时工2000人/月。第十三师幸福镇的红鑫源枣业，年加工能力10万吨，固定员工400人，智能化生产线减少30%人工需求，但新增设备维护岗50人；配套的14家合作社累计加工3.43万吨，带动800名社员参与分拣、包装。第十四师昆玉市的丰茂果品，日加工能力200吨，旺季雇佣120人，带动周边墨玉县、皮山县500名村民季节性务工；御达康农业年加工1.5万吨，固定员工80人，采收季临时工600人/月。

三、三产领域从业人员情况

第三产业通过"文化赋能、人才筑基、金融活血、数据驱动"四维协同，构建起覆盖全产业链的增值服务体系。文化旅游领域，依托"枣园观光+民俗体验"模式打造文旅IP，如和田地区"千年枣林马拉松"年吸引游客超5万人次，带动旅游收入3.2亿元，使产业附加值提升40%。教育培训体系通过校企共建产业学院、职业资格认证等机制，年输送种植技术、电商运营等专业人才3000人次，持证人员占比达65%，形成"田间学校+云端课堂"的立体化培训网络。金融服务的深化创新，例如，红枣期货市场的建立、金融产品的推出，有效缓解了红枣产业链的资金瓶颈问题，为农户和加工企业提供了风险管理工具和融资途径，保障了红枣产业发展的资金链稳定。信息服务领域建成"南疆红枣大数据中心"，归集全产业链数据12万条，依托"枣业通"App实现农技指导响应时效缩短至4小时、价格指数周度更新，推动产业决策科学化水平跃升。这种"文化提品牌、教育强根基、金融稳链条、数据赋智能"的融合模式，正推动南疆红枣产业从单一生产向全链条价值创造跃迁，成为乡村振兴战略的重要支撑。

第六节　南疆红枣营销情况

一、产品商品化水平

通过提高采后商品化处理水平、加大产品创新能力、提高产品标准化程度、扩大市场占有率和提升红枣产品附加值等措施，南疆红枣商品化水平不断提升。2023年红枣商品化率达90%。红枣采后商品化处理主要包括挑选、分级、预冷、包装等，尽可能保证红枣产品的新鲜程度、营养成分、外观品质等。

枣果依据其质量和用途来进行分级，通常分为特级、一级、二级、三级以及等外枣五个等级。特级枣果的重量超过品种平均值的20%，且果实大小均匀、肉质厚实、表面光滑无皱、色泽鲜明且均匀，无霉烂、浆烂现象，机械损伤和病虫害造成的损失小于3%，含水量不超过25%。一级枣果的重量达到或略高于平均值，果实饱满、大小均匀，表面基本无皱，色泽纯正且均匀，无霉烂、浆烂现象，机械损伤和病虫害造成的损失小于25%。二级枣果的重量略低于品种平均值，但不低于平均单果重的10%，果肉较厚，表面有轻微皱褶，色泽纯正且基本一致，无霉烂、浆烂现象，机械损伤和病虫害造成的损失小于25%。三级枣果的重量低于品种平均值的10%，果肉较薄，皱褶较深，颜色偏黄，基本无霉烂、浆烂现象，机械损伤和病虫害造成的损失小于25%。至于等外枣果，通常单果重量较小，果肉极薄，颜色不一，多为小果、皱果或受病虫害影响的果实。以和田枣为例，行业内部是根据直径来进行分级的，分为特级、一级、二级、等外枣或一级、二级、三级、等外枣（见表1-9）。

表1-9　和田枣分级标准表

单位：厘米

和田枣星级	分级标准1		分级标准2	
	长度	直径	长度	直径
三星级(三级)	3.0~3.5	2.0~2.6	3.5~3.9	2.0~2.6
四星级(二级)	3.5~4.0	2.6~3.0	3.9~4.1	2.6~3.0
五星级(一级)	4.0~4.5	3.0~4.0	4.1~4.5	3.0~4.0
六星级(特级)	4.5~6.0	3.0~4.0	4.5~6.0	3.0~4.0

在二级批发市场和零售市场中，最普遍采用的分级标准是第一种。除此之外，市场中还存在一些特殊情况，例如，在和田枣的分级中，有一种被行业内称为"皮皮枣"的次级品。这些枣虽然个头不小，但肉质稀少，表皮褶皱深且密集，手感软塌无弹性，与普通枣的饱满和弹性形成鲜明对比，仿佛仅是一层皮包裹着枣核。此外，这些"皮皮枣"还可以根据其长度进一步分级，有些甚至在直径上也符合特定的分级标准，然而其收购价格却低于正常枣。

二、销售情况

2024年，南疆红枣销售价格与2023年相差不大，到新枣上市，2023年还有不少库存。对于2024年的新枣，在9月—10月初（采收前），一些收购商给出较高的预订价格，但在采收前后（10月中下旬）价格很快回落。灰枣收购价为4.5~7.0元/公斤，骏枣收购价为5~7元/公斤。不同地区价格也不相同，阿克苏地区灰枣统货均价4.6元/公斤，阿拉尔市5.0元/公斤，喀什地区6.0元/公斤。销售区河北一级灰枣价格从2024年初13.3元/公斤跌至9元/公斤，跌幅32.3%。出口方面，12月出口均价15983元/吨（约16元/公斤）。

低价位使红枣成为节日礼品、超市引流品，电商促销走量显著，地摊经济贡献量增大。线上销售占比提升至30%，直播带货年销售额超5亿元，低价枣夹核桃、独立小包装成爆款。

2024年全年销售约50万吨，其中灰枣销售约35万吨（灰枣2023年库存约18万吨），骏枣销售约15万吨。截至2024年12月底，灰枣上年库存结余约16万吨，骏枣约5万吨。

品牌方面"和田玉枣""若羌红枣"等地理标志产品溢价率达30%，但中小品牌市场份额萎缩。

当前，南疆红枣的出口市场主要集中在亚洲国家和地区，南疆红枣主要出口目的地有中国台湾，以及阿联酋、韩国、日本、也门、加拿大、越南、荷兰、德国和美国。其中，中国台湾为主要出口地区，2021年南疆红枣出口到中国台湾的数量为164.76吨，占新疆出口总量的53.10%。东南亚市场主要有越南、马来西亚、泰国等，占新疆红枣出口总量的50%～60%。出口红枣以灰枣、骏枣为主，用于制作蜜饯、即食食品和传统药材。新疆果业集团通过广西凭祥口岸向越南出口，2022年对越出口量约2000吨，占越南进口中国红枣的30%。均价4～6美元/公斤（低于美国同类产品约30%）。2023年1—10月份我国红枣累计出口22113.81吨，累计同比增加32.58%，较近5年均值增加86.78%。2024年我国红枣出口量35611.42吨，累计同比增加26.74%。因网红带货及退税政策，越南占出口量的60%，其次为马来西亚、日本。

各地也出台了相关政策支持红枣销售，例如，库尔勒海关推行"绿色通道+即报即检"。

三、品牌建设

南疆红枣产业的品牌建设在近年来取得了显著的进展。主要包括以下方面的工作：

1. 政策支持与品牌认证

区域品牌认证：南疆已形成"和田玉枣""若羌红枣""麦盖提灰枣""且末红枣"等9个地理标志认证品牌，覆盖核心产区。

质量标准体系：若羌县建立红枣"地理标志产品保护"和"中国驰名商标"认证体系，制定《若羌红枣发展纲要》，推动标准化生产。

政府主导品牌整合：阿拉尔市推出"塔里木河"区域公共品牌，整合全市80%的林果产品，规范包装和销售渠道，提升溢价能力。

政策扶持：第十四师昆玉市成立红枣销售领导小组，协调北京、上海等城市资源，推动"和田玉枣"进入高端市场。

2. 品牌推广与市场拓展

电商平台：京东、淘宝、拼多多等平台开设旗舰店，2024年"和田玉枣"线上销售额超8000万元，直播带货占比达30%。

展会推广：组织企业参加义乌森博会、亚欧博览会等展会，2024年"若羌红枣"通过"中国果品区域公用品牌价值评估"，品牌价值达46.11亿元。

地域文化挖掘：阿拉尔市将"塔里木河"品牌与母亲河文化相结合，设计特色包装，强化消费者情感认同。

品牌IP化：第十四师昆玉市推出"大漠玉枣"IP形象，通过短视频、网红代言（如抖音达人"新疆茉语凡"）吸引年轻消费群体。

3. 质量保障与产业升级

技术支撑：和田昆仑山枣业建成覆盖种植、加工、销售的全流程追溯系统，实现"一枣一码"溯源，提升消费者信任度。

标准化生产：若羌县推广疏密改造、有机肥施用等技术，商品果率达80%，优质枣占比提升至40%。

产品创新：开发枣酒、枣醋、枣酵素等20余种深加工产品，若羌县年加工能力达3.2万吨，带动1.3万人就业。

药用价值开发：阿拉尔市研发红枣环磷酸腺苷提取技术，推出解郁安神药膳食品，拓展大健康市场。

通过上述一系列举措，取得了显著成效，典型案例如下（见表1-10）：

表1-10　品牌建设工作与成效

品牌	核心举措	成效
和田玉枣	政府主导品牌整合，建立期货交割库（占全国70%交割量），对接北京高端市场	2024年品牌价值超50亿元，出口东南亚、中东，年销售额突破20亿元
若羌红枣	入选国家农业品牌精品培育名单，建立标准化示范基地，发展电商直播	品牌价值46.11亿元，带动农户人均增收5000元，产品溢价率达30%

四、行业排名

基于不同的统计方法,企业排名有所不同。

1. 基于 2024 年行业榜单及消费数据,新疆红枣商业品牌排名前三的是

(1)和田玉枣

市场地位:新疆区域品牌代表,年销售额超20亿元。

核心优势:第十四师国资控股,产品覆盖商超及电商,出口东南亚、中东等地区。

(2)若羌红枣

市场地位:地理标志品牌,年销售额约15亿元。

核心优势:有机认证占比高(5万亩有机基地),主打高端礼品市场。

(3)楼兰蜜语

市场地位:互联网品牌,年销售额超8亿元。

核心优势:新疆、武汉双总部运营,直播电商占比60%,主打年轻化产品。

2. 按照出口量排名

(1)芳馨情果品(阿拉尔):年出口5000吨,占新疆红枣出口量40%。

(2)天山红林果业(喀什):通过中欧班列出口中亚,年出口量2000吨。

3. 按照深加工产品销售量排名

(1)天润乳业:枣酸奶、枣味奶酪等创新产品,年产值超5亿元。

(2)麦盖提灰枣:枣醋、枣酒生产线,附加值提升50%。

第二章

南疆红枣产业发展
外部环境

南疆红枣产业的发展既面临着难得的机遇，也面临着严峻的挑战。红枣产业的发展离不开外部环境的支持与影响，只有深入分析和研究外部环境的变化和趋势，制定出符合产业发展实际和市场需求的发展战略和措施，才能推动南疆红枣产业实现持续、健康、稳定的发展。

第一节　南疆红枣产业政策环境

近年来，各级政府纷纷出台了一系列针对红枣产业的优惠政策和扶持措施，如财政补贴、税收优惠、金融扶持等，为南疆红枣产业的发展提供了强有力的政策保障。这些政策的实施，不仅降低了红枣产业的经营成本，提高了产业的营利能力，还激发了广大农户和企业的发展积极性，为产业的快速发展注入了强劲动力。

一、国家政策

（一）经济林名特优商品基地建设政策

1988年，原国家林业部出台《关于加强经济林名特优商品基地建设的意见》，选定洛浦县、和田县、墨玉县等16个县（市、区）纳入规划，总建设面积30万亩（新造27万亩+改造3万亩），主栽红枣、核桃、巴旦木等七大林果，奠定规模化种植基础。

（二）退耕还林政策

2002年，国务院启动退耕还林工程，明确将骏枣、灰枣列为北方生态经济兼用树种。政策推动下，南疆红枣种植面积快速扩张。2007年《国务院关于完善退耕还林政策的通知》（国发〔2007〕25号）、2015年《关于扩大新一轮退耕还林还草规模的通知》（财农〔2015〕258号）、2022年《关于进一步完善政策

措施　巩固退耕还林还草成果的通知》（自然资发〔2022〕191号）均指出要持续强化土地与资金支持。

（三）"三北"工程

1978年，《国务院批转国家林业总局关于在三北风沙危害和水土流失重点地区建设大型防护林的规划》（国发〔1978〕244号）启动"三北"防护林工程，将防护林建设与林果经济相结合。

（四）中央保险奖补政策

2019年，财政部印发《关于开展中央财政对地方优势特色农产品保险奖补试点的通知》（财金〔2019〕55号），南疆四地州纳入试点，覆盖枣、核桃等六个林果品种。2022年，新疆维吾尔自治区财政厅发布《农业保险保费补贴实施细则》（新财规〔2022〕10号），延续"中央+自治区+地县+农户"分担机制，2024年新增差异化补贴。

2024年，国家在红枣生产环节给予了政策支持，对红枣种植户提供差异化补贴，根据品种（如灰枣、骏枣）、种植规模（50亩以上额外补贴20%）及管理水平（绿色认证补贴300元/亩）分级扶持，缓解资金压力。对智能灌溉、病虫害监测系统等现代化设施投入给予50%财政补贴，推动种植技术升级。农业农村部设立专项资金（2000万元）支持新疆、陕西等地建立红枣基因库，保存地方特色品种30余个。新疆阿拉尔红枣、若羌红枣及新疆精河枸杞入选农业农村部2024年农业品牌精品培育计划，获专项营销资金扶持（单品牌最高500万元）。对采用有机肥替代化肥、生物防治替代农药的种植户，每亩补贴300元，2024年，新疆推广面积达120万亩。

税收方面也有优惠政策，小规模纳税人销售自产红枣免征增值税，2024年，新疆洛浦县300余家合作社受益，减免税款超4000万元。贷款方面，对红枣企业银行贷款给予年利率3%的贴息。

（五）期货市场赋能

2019年4月，红枣期货在郑州商品交易所上市，推动产业标准化升级。目前，全国红枣期货交割库共计15个，新疆12个，其他省份3个。其中，南疆红枣期货交割库在地方9个，兵团3个。

二、新疆维吾尔自治区政策

自治区党委、政府始终将红枣产业作为特色林果业发展的核心抓手，持续强化政策支持力度。进入新世纪以来，先后出台多项专项政策，推动南疆红枣产业从规模扩张向提质增效转型。

2005年11月14日，自治区党委、人民政府印发《关于加快特色林果业发展的意见》（新党发〔2005〕14号），明确调整林果业生产布局，将红枣、香梨、核桃、葡萄等列为优势树种重点发展。2008年7月31日，再次发布《关于进一步提高特色林果业综合生产能力的意见》（新党发〔2008〕10号），提出构建环塔里木盆地红枣主产区及吐哈盆地、伊犁河谷、天山北坡三大特色产业带，强化红枣产业带建设。

2017年，自治区人民政府印发《关于推进特色林果简约化栽培管理工作的意见》（新政发〔2017〕6号），推动标准化种植管理。2019年，出台《关于进一步推进特色林果业提质增效工程建设的通知》（新政办明电〔2019〕59号），将红枣密植园疏密改造列为革命性措施，推动种植结构优化。

2020年4月27日，自治区人民政府发布《关于完善两张网保障林果业实有价值和流通领域健康运作的工作方案》（新政办发〔2020〕21号），提出构建线上线下融合的营销网络，培育龙头企业提升加工能力。同年，《新疆维吾尔自治区优势农产品区域布局规划（2020—2025）》（新党办发〔2020〕13号）将红枣纳入优势农产品布局，优化生产力配置，打造跨区域产业集群。

2021年，《新疆维吾尔自治区林果产业发展"十四五"规划》明确红枣重点产区定位，强化种植管理。同年6月，自治区农业农村厅与财政厅联合印发《2021—2023年农业机械购置补贴实施方案》，将修剪、采收等机械纳入补贴范围，提升机械化水平。

2023年，《自治区绿色有机果蔬产业集群建设行动计划（2023—2025年）》确立红枣产业技术路线与发展目标。

2024年，自治区单列3亿元建设南疆红枣仓储物流中心，运输损耗降至8%以下；建成10个国家级红枣期货交割库（占全国70%），全年交割量达7万吨；推行"林果保"政策性保险，覆盖50万亩果园；对红枣企业贷款贴息3%，发放贷款2.3亿元，惠及120家企业；麦盖提县试点"期货+保险"模式，参保枣农户均增收4000元。

2024年3月，自治区印发《关于2024年推动产业帮扶精准到户 促进农民持续增收有关工作的通知》，在红枣疏密改造、整形修剪、病虫害防治等种植关键环节、薄弱环节给予补助。其中，疏密改造每亩不超过400元，整形修剪每亩不超过115元，病虫害防治每亩不超过140元。

三、新疆生产建设兵团政策

新疆生产建设兵团作为红枣产业的主力军，相继出台了多项支持红枣产业发展的政策。

《新疆生产建设兵团国民经济和社会发展第十四个五年规划和二〇三五年远景目标纲要》（2021—2025年）规划要求，新疆把林果业列入重点发展的十大产业之一，"做强林果业，稳固提升红枣、葡萄、苹果、梨、核桃等大宗林果产品优势"。在提质增效上，进一步巩固规范化管理成效，推进标准化生产，加强林果技术体系建设，进一步提高新疆林果产品知名度、美誉度和影响力。

《新疆生产建设兵团"十四五"林业和草原保护发展规划》指出，在新疆林果产业"一区、三带、六集群"的格局下，开展种质资源挖掘创新、生物育种、林果绿色优质高效栽培、特色果树标准化生产及精深加工、高效节水、盐碱地治理等现代农业关键技术研发及应用。"十四五"期间的相关政策还有《新疆生产建设兵团"十四五"林果业发展规划》《十四师昆玉市农业现代化"十四五"专项规划》《兵团"十四五"鲜果产业发展实施方案》等。

为加快兵团特色林果产业延链补链强链，推动兵团特色林果产业高质量发展，根据《兵团实施产业发展"链长制""链主制"工作方案》，印发《兵团特色林果产业链提升方案》（〔2023〕29号），指出以农业供给侧结构性改革为主线，以绿色发展为基础，以全产业链集群化发展为路径，扎实推进林果产业标准化生产、多层次加工、市场化经营、品牌化销售、一体化融合发展，全面提升兵团特色林果产业综合效益，为实现巩固拓展脱贫攻坚成果同乡村振兴有效衔接，推进现代农业高质量发展和农业农村现代化提供有力支撑。

2024年，兵团红枣政策以"提质增效、全链升级"为核心，通过财政支持、技术创新、市场拓展和风险防控等多维度发力，推动产业从规模扩张转向高质量发展。第三师图木舒克市通过财政补贴支持企业技术升级和产能扩张，如新疆瀚海绿洲农业公司年加工产能从8000吨提升至3万吨。第一师阿拉尔市设立1500万元专项资金，对规模采购、加工及品牌推广给予补贴，如采购加工3000吨以上的企业可获180元/吨补贴。45团前海镇投资开发7000亩土地打造农业产业园，完善物流、水电等配套，吸引企业入驻并推动红枣深加工。阿拉尔市红鑫源枣业投资8000万元新建智能化生产线，年加工能力提升至10万吨。

兵团切实落实国家农机补贴政策，重点支持智能化设备更新。2024年，第一师农机补贴覆盖播种机、采收机等，职工通过"一卡通"快速申领，如10团职工获近万元补贴。

四、地州政策

1.巴州

巴州先后制定了《2018年自治州特色林果业提质增效工作方案》、《2019年自治州特色林果业提质增效工作方案》、《自治州推动林果业高质量发展实施方案》、《巴音郭楞蒙古自治州红枣产业促进条例》、《自治州红枣产业链实施方案（2023—2025年）》、《若羌红枣进一步提质增效实施意见（试行）》（若党办发〔2017〕25号）、《若羌红枣进一步提质增效实施意见（试行）》（若党办发〔2020〕25号）、《若羌红枣进一步提质增效实施意见（试行）》（若党办发〔2021〕47号）、《若羌县促进园区产业聚集、培育红枣加工产业发展若干措施（试行）》、《且末县红枣提质增效 简优化栽培改造关键技术流程》等政策文件。

制定《2025年林果业发展思路》，推动若羌地区红枣控面提质，优化库尉轮地区鲜果增量，实现四季均衡供给。

自治区财政对红枣种植实施耕地提升补贴（如有机肥积造每立方米补贴30元）、社会化服务补贴（托管服务每亩100元）等。巴州税务部门落实涉农企业税收减免政策，若羌县枣企2024年累计减免税费2.92万元，用于技术研发。

2. 喀什地区

喀什地区近几年制定了《喀什地区2021—2023年财政补贴型农业保险工作实施方案》（喀地财金〔2020〕33号），2024年对红枣种植户实施耕地地力保护补贴（18元/亩）和农机购置补贴（南疆四地州差别化补贴）。林果业政策性保险覆盖红枣，农户自缴20%，财政补贴80%，2024年参保面积达44.67万亩。

喀什地区对成功推广红枣"保险+期货"业务的县（市）给予最高300万元奖补，麦盖提县作为核心试点区，通过与郑州商品交易所合作，实现红枣价格风险保障12.75亿元，农户获理赔款8455.92万元，覆盖种植面积50.06万亩。

3. 阿克苏地区

阿克苏地区在发展红枣之初，提出了"优化林果业，大力发展以红枣、核桃为主的特色林果业"的指导思想，制定了《关于加快发展红枣产业的实施意见》。2004年，阿克苏地区红枣协会成立，指导地区红枣基地建设和产业发展，注册了"阿克苏红枣"地理标志证明商标。

2010年，新疆确定试点林果种植保险政策，保费90元/亩，保额1000元/亩，费率9%。

2024年，农发行阿克苏地区分行投放2亿元专项贷款，支持红枣收购及产业链延伸。通过优化审批流程、启动信贷绿色通道，重点服务阿拉尔市等核心产区，助力2024年30万吨红枣顺利流通。

温宿县启动新疆首个郑商所红枣"保险+期货"试点项目，覆盖参保面积5万亩，采用"保险+期货+担保+银行+订单"模式，为枣农提供价格风险保障，稳定收益预期。

在红枣种植与加工方面进行补贴，对红枣疏行、疏株按每亩400元标准给予一次性补贴，2024年累计改造15万亩，提升单产和通风透光性。通过合作社专业化服务，按每亩115元补贴，推广"树上自然吊干"技术，减少人工烘干损耗。病虫害防治按每亩140元补贴，依托林果技术服务团队统防统治，降低农药残留。

在加工产能提升方面，阿克苏市引入合作社建设自动化生产线，年加工能力达3000吨，开发枣片、枣粉等产品，带动3000吨红枣就地转化，解决本地就业30余人。对烘干设施建设给予30%造价补贴，单个主体最高补贴20万元，推动加工环节提质增效。

4. 和田地区

近年来，和田地区在红枣产业链延伸、品牌建设、销售渠道拓展等方面聚焦发力，制定了以下政策：

（1）《和田地区"十四五"林果业发展规划》（2021—2025年），明确红枣重点产区定位，强化规模化生产。

（2）《和田地区红枣产业链建设实施方案》（2023年），聚焦全产业链升级，完善政策扶持体系。

（3）《和田地区林果产业链建设实施方案》（2023年），推动种质创制、精深加工等全产业链发展。

（4）《和田地区红枣种植补贴办法》（2024年），对连片种植50亩以上主体每亩补贴200元，绿色认证枣园额外补贴300元/亩。

（5）《和田地区红枣"降高减密"技术推广实施方案》（2024年），改造密植园每亩补贴50元，推广标准化栽培技术。

（6）《和田地区红枣轻简化栽培技术推广站建设方案》（2024年），联合新疆农科院设立技术推广站，免费提供技术培训。

（7）《和田地区红枣加工企业奖补政策》（2024年），年加工能力3000吨以上企业按加工量补贴180元/吨，新建智能化生产线最高补贴300万元。

（8）《和田地区冷链物流体系建设实施方案》（2024年），投资2.5亿元建设5万吨级气调库，设备购置补贴30%。

（9）《和田地区"和田红枣"地理标志认证推进计划》（2024年），对获认证企业奖励50万元，新增注册商标8个。

（10）《和田地区红枣电商扶持政策》（2024年），线上销售额超50万元企业给予5%奖励，单个企业年补上限50万元。

（11）《和田地区"林果保"政策性保险实施细则》（2024年），保费由政府补贴70%，覆盖40万亩果园，赔付率超70%。

（12）《和田地区红枣企业贷款贴息政策》（2024年），银行贷款年利率贴息3%，发放贷款1.8亿元，惠及80家企业。

（13）《和田地区红枣产业风险补偿基金管理办法》（2024年），设立3000万元风险补偿基金，撬动社会资本投入10亿元。

（14）《和田地区红枣种质资源库建设方案》（2024年），联合中国科学院新疆分院保存地方特色品种25个，审定新品种1个。

（15）《和田地区红枣种植师职业资格认证制度》（2024年），培训新型职业农民1万人次，引进河北、山东红枣加工技术团队。

5. 吐鲁番市

吐鲁番市先后出台了一系列红枣产业发展扶持优惠政策。

（1）吐鲁番市《关于加快特色林果业发展的意见》（吐地行办〔2005〕14号）。

（2）《关于成立地区林果发展协调领导小组的通知》（吐地行办〔2006〕132号）。

（3）《关于转发自治区特色林果业发展科技支撑首席专家组关于对吐鲁番市特色林果发展有关建议的通知》（吐地行办〔2009〕110号）。

（4）《转发2011新疆特色林果产品（广州交易会）吐鲁番市参会方案的通知》（吐地行办〔2011〕228号）。

（5）《关于印发吐鲁番市领导干部领办 创办特色林果业标准化示范园实施方案的通知》（吐地行办〔2015〕11号）。

（6）《关于成立吐鲁番市特色林果提质增效工程领导小组和自然保护地

优化调整工作专班的通知》（吐政办函〔2020〕58号）。

（7）2024年加大对红枣政策补贴与资金保障，对红枣疏密改造按每亩400元补贴，整形修剪每亩115元，病虫害防治每亩140元。中央财政对红枣保险保费补贴80%，农户自缴20%。2024年，托克逊县红枣参保面积覆盖率达70%，保障农户收益。

6. 哈密市

2024年5月，哈密市出台《哈密市2024—2026年政策性农业保障实施方案》（哈政办发〔2024〕18号）文件，将哈密优势特色林果红枣、葡萄、杏、西梅、杏李等都列入地方农业政策性保险范围，市、区县两级财政补贴支持按照以下比例分担：伊州区按市、区4：6比例分担；巴里坤县、伊吾县按市、县财政2：8比例分担。

第二节　南疆红枣产业技术环境

一、栽培管理技术对南疆红枣产业的影响

南疆红枣产业通过酸枣直播建园和矮化密植技术的推广，突破传统育苗建园模式，实现规模化发展。2023年，自治区林草局联合新疆科学技术出版社编印维、汉双语的《红枣栽培管理技术手册》，为农民和基层技术人员开展林果业安全生产管理提供技术服务，提高果树田间管理、病虫害防治、果树修剪、施肥灌水、果实采收等管理水平，助推全区林果业提质增效和转型升级。

1. 疏密改造技术

（1）技术要点：推广"三疏"（疏行、疏株、疏枝），将亩株数控制在111株左右。

（2）实施效果：通风透光率提升30%，降低病虫害发生率；机械化采收效率提高40%，人工成本减少25%；枣果均匀度改善，优质果率提升至85%以上。

2. 轻简化修剪技术

（1）技术要点：以"轻剪缓放"替代传统重截干，通过扩冠、增枝组、摘心等方式调控树势。

（2）实施效果：单株结果枝增加20%，产量稳定性提升；修剪效率提高50%，节约用工成本30%；树体寿命延长，抗逆性增强。

3. 品种改良与多元化种植

（1）技术要点：推广免环割"灰枣"品种，解决自然坐果率低问题；引入冬枣、蟠枣等鲜食品种，打破同质化困局。

（2）实施效果：鲜食枣种植占比提升至30%，亩均收益增加1500元；免环割技术减少激素使用，符合绿色生产要求。

4. 合理施肥与土壤改良

（1）技术要点：增施有机肥替代化肥，配合微生物菌剂修复土壤。

（2）实施效果：土壤有机质含量提高20%，保水保肥能力增强；枣果糖度提升12度，农残检测合格率达100%；化肥使用量减少40%，生态效益显著。

二、初加工技术对南疆红枣产业的影响

红枣初加工技术对南疆枣产业的影响体现在品质提升、效率优化、产业链延伸及市场竞争力增强等多个方面，推动了南疆枣产业从原枣销售向高附加值产品生产的转型。

1. 提升产品品质与附加值

（1）干燥技术创新

采用真空冷冻干燥、微波干燥、变温压差膨化等技术替代传统自然晾晒，减少褐变和霉变损失。例如，微波干燥技术使红枣含水率从50%快速降至23%~26%，保留糖分和风味物质，产品口感更佳，优果率提升至85%以上。

高温高湿烘制工艺保留红枣风味和营养，干枣糖度达65%以上，较传统工艺提升10%，售价提高30%。

（2）分级与包装标准化

智能分选机通过光谱分析实现枣果大小、色泽、糖度等分级，一级枣占比从30%提升至60%，商品附加值增加20%。

统一包装标准（如真空小包装、礼盒装）推动高端化，喀什枣片、枣夹核桃等初加工产品溢价率达50%~80%。

2. 降低产后损失与成本

传统自然晾晒损失率高达20%~30%，烘房加工将损失率降至5%~8%。例如，和田某企业通过烘房技术年处理1万吨红枣，减少损失价值超2000万元。

预冷技术（如冷库预冷）延长货架期，鲜枣贮藏损耗从40%降至10%，实现错峰销售。

机械化替代人工，清洗、分级、烘干等环节机械化率提升至70%，人工成本降低40%。例如，阿克苏茂源合作社采用自动化烘干线，日处理能力从5吨增至15吨，能耗降低25%。

3. 推动产业链延伸与增值

初加工将红枣分为特级、一级、二级及残次品（占比约10%），残次枣用于枣酒、枣醋等深加工，综合利用率从30%提升至90%，亩均增收800元。

标准化初加工支撑"和田玉枣""若羌灰枣"等地理标志品牌发展。2024年，南疆红枣地理标志产品溢价率达40%，出口量增长25%。

三、深加工技术对南疆红枣产业的影响

深加工技术对南疆红枣产业的影响体现在产品附加值提升、产业链延伸、品牌价值强化、市场竞争力增强及可持续发展等多个方面。

1. 突破初级加工局限，提升产品附加值

（1）高附加值产品开发

功能型产品：通过提取红枣多糖、芦丁、环磷酸腺苷等活性成分，开发枣片、枣粉、枣醋、枣酒等10余种高附加值产品。例如，石河子大学团队研发的红枣多糖产品具有抗氧化、免疫调节功能，市场溢价率达80%。

药食同源产品: 结合中医理念开发枣仁派、枣红素、解郁安神药膳等, 其中枣仁派年销售额突破2000万元, 成为网红爆款。

（2）资源综合利用

残次枣再利用: 将10%的残次枣加工成枣饮料、枣膳食纤维等产品, 综合利用率从30%提升至90%, 亩均增收800元。

副产物转化: 枣核用于活性炭生产, 枣皮提取天然色素, 实现"零废弃"加工, 降低环保成本。

2. 推动产业链延伸, 构建全链产业体系

（1）加工环节增值

初级加工（干枣）占比从80%降至50%, 精深加工产品（枣片、枣酒等）占比提升至30%, 带动全产业链产值增长40%。例如, 阿拉尔红鑫源枣业投资8000万元建设智能化生产线, 年加工能力从2万吨增至10万吨, 开发枣浓缩汁等饮料, 实现"四季加工"。

（2）产业融合升级

发展"红枣+文旅"模式, 若羌县打造红枣主题观光园, 年吸引游客超50万人次, 带动餐饮、住宿等服务业增收15%。

建立红枣期货交割库（占全国70%以上）, 推动产业金融化。2024年, 南疆红枣期货交易额突破50亿元。

3. 强化品牌价值, 拓展高端市场

（1）地理标志与认证体系

通过深加工打造"和田玉枣""若羌灰枣"等地理标志品牌, 获得9项国家认证, 产品溢价率提升40%。

绿色食品认证面积占比达40%, 高端产品（如冻干枣片）市场售价达200元/公斤, 较传统干枣增值10倍。

（2）国际市场突破

开发符合欧盟标准的有机红枣产品, 出口至东南亚、中东等地区。2024年出口量增长25%, 创汇超3亿美元。利用跨境电商平台（如阿里国际站）推广枣类休闲食品，线上销售额占比从10%提升至35%。

4.技术赋能提质增效，降低产业风险

（1）智能化加工设备应用

引入光谱分选机、智能色选线等设备，分级准确率达98%，优果率从50%提升至85%，损耗率降低至5%以下。微波真空干燥技术替代传统晾晒，褐变率从15%降至3%，更好地保留了糖分和风味物质，产品口感更佳。

（2）质量追溯体系构建

建立全产业链追溯系统，覆盖种植、加工、流通环节，2024年抽检合格率达99.2%，消费者信任度提升。

5.促进就业与增收，助力乡村振兴

深加工企业新增就业岗位超1.2万个，如13团幸福镇14家加工企业带动7000余人就业，人均年收入增加2.8万元。通过"企业+合作社+农户"模式，农户参与加工环节增收占比达30%。

"保险+期货"模式覆盖80%加工企业，锁定原料成本，2024年帮助企业规避价格波动损失超1.5亿元。

第三节　南疆红枣市场需求

随着人们生活水平的提高和健康意识的增强，红枣在中医保健、美容养颜等方面的功效也逐渐被大众所认识和接受，使得红枣市场的需求呈现持续增长的趋势。这为南疆红枣产业的发展提供了巨大的市场空间和发展机遇。

一、新疆市场需求

新疆红枣市场需求持续增长，2024年人口规模达2622.8万人，多民族特性显著。红枣作为维吾尔族等少数民族的传统食品，深度融入节日庆典与日常饮食，消费黏性不断增强。同时，红枣深加工产品（如红枣饮料、糕点等）的多元

化发展，进一步拓展了消费场景，推动市场需求扩容。

2024年，新疆居民人均可支配收入30899元，名义增速6.7%，高于全国平均水平（5.3%）。消费能力分化明显。高收入群体（约20%）：偏好高端红枣（如和田玉枣），注重品质与品牌溢价，推动市场结构升级。中低收入群体（约80%）：关注性价比，选择价格适中、品质稳定的红枣产品，支撑大众市场稳定增长。

二、国内市场需求

2024年，全国红枣的消费群体规模庞大，涵盖了众多消费者。南疆红枣凭借品质优势逐步替代河北、河南等传统产区产品，形成"一家独大"格局。红枣与节日文化深度绑定（如春节、中秋节），年消费旺季集中于第一季度和第四季度，淡季因时令鲜果冲击需求下降30%~40%。

随着消费者对红枣补血、抗氧化等保健功能认知的增强，需求从日常食用向营养补充延伸，消费呈现升级趋势。第二季度和第三季度需通过加工产品（如枣片、枣茶等）平衡淡旺季供需矛盾。

三、国外市场需求

中国红枣产量占全球产量的98%，南疆红枣出口主要面向亚洲、欧洲、非洲等地区。但海外市场以华人为主（占比超90%），非华人群体因文化差异和认知差异，制约了市场拓展。今后需研发符合国际口味的产品（如红枣巧克力、即食枣片等），降低文化接受门槛。通过跨境电商、国际展会推广"南疆红枣"地理标志，提升品牌溢价能力，拓展非华人消费群体。

第四节　国内外同行业比较优势与劣势

一、南疆与国内主要产枣区优劣势比较

（一）产区环境比较

1. 气候条件

南疆地区为温带大陆性干旱气候，年日照时数超2000小时，与内地枣产区比较，有充足的日照、较长的光照时长、较高的有效积温以及显著的昼夜温差，这些条件对于植物叶片的光合作用和果实中糖分的积累极为有利，因此，南疆红枣通常含有较高的糖分。枣果在干燥处理后，果形圆润、皮薄肉厚、弹性十足，与内地产品相比，外观品质更佳，商业价值更高，在市场上也更受青睐。

南疆降雨量稀少，年降雨量介于18~80毫米之间，而河北、山东等传统内地枣产区的年降雨量高达400~800毫米，枣树对成熟季节的降雨极为敏感，特别是在降雨量大且持续的情况下，降雨会导致果实大量吸水膨胀，进而引发裂果，导致发霉和腐烂。在内地的传统枣产区，雨季恰逢秋季，与枣果的成熟期重叠，这常常导致大量果实因降雨而裂开腐烂，损失巨大，已成为限制内地枣产业发展的主要原因。由于南疆降雨稀少，裂果和果实腐烂的问题并不严重，因此往往能够实现丰产且丰收。降雨量少，枣树的病虫害发生率也相对较低，农药喷洒的次数也相应减少，这不仅降低了农药残留的风险，还使得枣树的管理更为简便，成本也更低。

2. 灌溉条件

南疆枣园灌溉依赖于雪山融水形成的河流和丰富的地下水资源，这足以支持枣树的生长和结果。肥料的效果与水分紧密相关，肥料需要通过水分才能发挥其效用；缺乏水分，肥料便无法发挥作用。鉴于南疆地区降雨稀少，通过精确控制灌溉量，可以有效调节肥料的效果，进而影响枣树的生长和发育，实现产量的提高、稳定以及品质的提升。与内地的枣产区不同，由于内地降雨频繁

且量大，降雨时间难以预测，通过控制土壤水分来调节枣树生长的方法难以实施。因此，灌溉农业成了南疆地区的一大优势。

3. 土地条件

南疆地区不仅拥有得天独厚的气候条件，还拥有丰富的土地资源。环绕塔克拉玛干沙漠的广阔地带，遍布着戈壁和沙滩，地势平坦，视野辽阔。尽管这些戈壁沙滩的土壤贫瘠、盐碱含量高、干旱缺水，但枣树以其卓越的抗旱、耐涝、耐盐碱和耐贫瘠能力，成为这片土地上的理想居民。南疆丰富的戈壁沙滩资源为枣树的规模化、标准化和机械化生产提供了坚实的土地基础。

（二）销售环境比较

南疆位于我国西北边境，与俄罗斯、吉尔吉斯斯坦、哈萨克斯坦等8个国家接壤，是我国与中亚、西亚及欧洲等地区的重要陆路交通枢纽。这种地理位置的特殊性，使得南疆在"一带一路"倡议中具有重要的战略地位，成为连接中国与欧亚大陆的重要桥梁。因此，南疆红枣可以就近直接通过口岸销售到周边国家及欧洲各国，区位优势非常明显。但南疆红枣如果销售到我国内地市场，物流等成本则相对较高。

南疆地区出产的红枣以其卓越的品质和高产量在市场上享有盛誉，赢得了广泛的知名度和美誉。这些红枣不仅在当地广受欢迎，而且在内地市场也极受欢迎。南疆与内地均设有多个大型红枣专业批发市场，同时，这些产品遍布全国的超市、便利店，以及通过电子商务平台的直销，构成了一个全面的销售网络。得益于便捷的交通和发达的物流系统，南疆红枣能够迅速地进入千家万户，确保了其在市场上的流通速度和覆盖范围。

二、南疆与国外产枣区优劣势比较

南疆红枣凭借其规模化栽培、高产量及卓越品质已成为全球优质红枣核心产区，而全球仅朝鲜、伊拉克、美国等国家有零星种植，且面临品种单一、技术滞后、气候制约等短板，导致国际竞争力薄弱；尽管南疆红枣出口单价达12~15美元/公斤（较普通产区溢价达20%），但受国际贸易壁垒（欧盟农残标准严苛）、物流瓶颈（海运周期长、冷链覆盖率低）等的制约，国际市场拓展受阻。因此，亟须开拓东南亚市场、充分利用中欧班列专线运输，推动欧盟有机认证，加大宣传力度，以品牌化（如"和田大枣"地理标志）突破海外市场认知壁垒，实现从产量优势向品牌溢价升级。

第三章

南疆红枣产业发展
重点地区

南疆红枣发展重点区域主要集中在喀什地区、和田地区、阿克苏地区和巴州，其次是东疆的吐鲁番市、哈密市。本书中南疆红枣包括东疆的吐鲁番和哈密红枣种植区。上述地区红枣产量占全疆枣产量的99%以上。

第一节　喀什地区

一、红枣发展简史

喀什地区红枣栽培历史逾2000年，早在丝绸之路时期便从中原引入种植，明末清初形成"喀什小枣"等地方品种，现存疏附县阿瓦提乡卡鲁克村数百亩数百年占枣林，就是其产业深厚积淀的见证。2005年起，当地通过推广红枣直播造林技术实现规模化发展，至2012年种植面积达215.76万亩峰值，后经市场调整至2024年稳定在92.02万亩，形成麦盖提、巴楚等灰枣主产区（麦盖提50万亩基地获"中国红枣之乡"称号及地理标志认证）与泽普骏枣核心区（全国有机红枣示范区）。近年来，喀什地委以工业化思维推动全产业链升级：联合科研院所成立红枣产业研究院，建成635亩种质资源圃，储备370份品种资源；制定优惠政策扶持龙头企业开发枣酒、枣醋等20余种深加工产品；建成上海、广州等四大展销平台及麦盖提红枣交易中心，开通期货交割库并布局"一带一路"跨境电商，形成"疆内收购+疆外销售"双网融合格局，正从传统种植大区向全产业链强区迈进。

二、栽培现状

截至2024年，喀什地区红枣种植面积92.02万亩，产量48.72万吨，产值超38.91亿元。主栽品种为灰枣、骏枣，少量栽植蟠枣、冬枣、长圆枣等其他品种，灰枣占85%，骏枣占12%，其他品种占3%。栽培模式为纯建园模式和间作模式均有，株行距（2~3）米×4米。

图3-1　2000—2024年喀什地区红枣种植面积和产量统计图

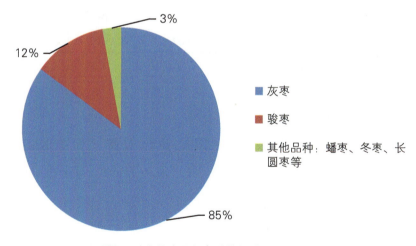

图3-2　喀什地区红枣种植品种

2024年，喀什地区红枣面积较2023年减少13.09万亩，产量减少3.76万吨。2024年，喀什地区各县（市）中麦盖提县种植面积和产量均为最大，分别占喀什地区红枣种植面积和产量的54.4%和57.2%，其次是岳普湖县、泽普县和巴楚县，面积超过10万亩的是麦盖提县和岳普湖县，其面积之和占喀什地区红枣种植面积的67.3%，产量占66.11%。

表3-1 2024年喀什地区各县（市）红枣种植情况

县（市）	品种	面积（万亩）	产量（万吨）	一产产值（万元）
合计		92.02	48.72	389101.53
麦盖提县	以灰枣为主，少量蟠枣等其他品种	50.07	27.85	222846.83
泽普县	以骏枣为主，少量灰枣、蟠枣等其他品种	8.84	4.81	39949.42
巴楚县	以灰枣为主	7.96	3.46	25912.5
岳普湖县	以灰枣为主	10.48	4.36	34027.19
莎车县	以骏枣为主	3.01	2.93	26393.92
喀什市	灰枣、骏枣、长圆枣	3.54	1.14	8499.52
叶城县	以骏枣为主	3.00	1.92	15325.27
疏附县	以灰枣为主	2.17	0.81	6337.91
伽师县	骏枣	1.36	0.56	3922.55
疏勒县	以灰枣为主	1.32	0.83	5534.97
英吉沙县	以灰枣为主	0.24	0.05	349.86
塔县	骏枣、灰枣	0.02	0.0002	1.58

三、加工现状

（一）初加工情况

截至2024年底，从事红枣分级筛选、烘干、包装、枣干等初加工企业47家。其中，骨干企业8家、链条企业39家，年产值20.11亿元，加工量19.49万吨，带动就业2661人。

（二）精深加工情况

截至2024年底，共有红枣酒、枣醋、枣脆片、冻干红枣、枣粉、红枣酸奶、红枣饮料等精深加工企业20家。其中，骨干企业4家、链条企业16家，年产值5.67亿元，加工量3.33万吨，带动就业1516人。

四、销售现状

截至2024年，全地区从事红枣商贸的企业73家，年销量达17.19万吨，营业额达21.33亿元。通过线下、线上等各种渠道销往全国各地。

表3-2　2023年喀什地区红枣销售企业统计表

序号	企业名称
1	伽师果叔生态农业供应链有限公司
2	叶城西域果叔电商供应链有限公司
3	麦盖提果叔生态农业供应链有限公司
4	新疆喀什果业有限公司
5	麦盖提县宏满泰枣业有限公司
6	伽师西域果叔电商供应链有限公司
7	泽普县丽农果品农民专业合作社
8	新疆沧信食品科技有限公司
9	喀什疆果果农业科技有限公司
10	喀什长远农业科技有限公司
11	泽普县新鼎果业农民专业合作社
12	疏附县果舒果业有限公司
13	喀什新鑫果业有限公司
14	麦盖提县庆丰农林科技开发有限责任公司
15	泽普县美彩农产品农民专业合作社
16	泽普县新川果业农民专业合作社
17	新疆泽普县农乐园农业有限公司
18	泽普县润疆林果农民专业合作社
19	金凤泽普农业发展投资有限公司
20	泽普县鑫泰果业有限公司
21	莎车丝露果香电子商务服务有限公司
22	新疆枣都现代农业股份有限公司
23	新疆蜜心果业有限公司
24	喀什神恋有机食品有限责任公司
25	麦盖提县杰品种植农民专业合作社
26	新疆蜜缘枣业有限公司
27	新疆创锦果业有限公司
28	新疆绿满天山农业发展有限公司

序号	企业名称
29	新疆西圣果业有限责任公司
30	麦盖提县刀郎果农农副产品有限公司
31	新疆爸爸厨房供应链管理有限公司
32	泽普县泽润果蔬农民专业合作社
33	泽普县闵疆食品有限公司
34	晋泽红枣发展有限公司
35	泽普县枣知道果品农民专业合作社
36	叶城县予鑫农林科技开发有限责任公司
37	伽师县胡杨牧歌种养殖科技有限公司
38	新疆一派果业有限责任公司
39	麦盖提县好物农业科技有限公司
40	新疆一滴水林果开发有限公司
41	新疆真心科技实业有限公司
42	泽普县金湖杨土地扶贫开发有限责任公司
43	叶城蓿之花农牧发展有限公司
44	泽普县昆仑北坡农民专业合作社
45	莎车县阿买提农副产品农民专业合作社
46	泽普县君成果业有限公司
47	叶城县好鲜生食品加工有限责任公司
48	泽普县亚新农产品开发有限公司
49	新疆绿丹食品有限责任公司
50	岳普湖县大漠绿洲红枣农民专业合作社
51	伽师县西域果业有限公司
52	疏勒县阿纳（石榴）干红酒业有限公司
53	巴楚县天玉农业专业合作社
54	新疆阿里果果农产品有限公司
55	新疆闽龙达干果产业有限公司
56	叶城县天地福泽生态农业科技开发有限公司（小厂）
57	巴楚县华宇红枣专业合作社
58	新疆阿尔斯兰农业发展有限责任公司
59	新疆国顺农业科技有限公司
60	泽普县宏鑫果品农民专业合作社

续表

序号	企业名称
61	喀什葡萄树食品有限公司
62	喀什市阿瓦提桃子之乡农副产品保鲜农民专业合作社
63	新疆坤杰农业开发有限公司
64	新疆南疆果业有限公司
65	麦盖提县宏伟果蔬枣业有限公司
66	叶城县疆叶农业科技发展有限公司
67	喀什遇见您农牧食品科技有限公司
68	麦盖提县润丰种植业农民专业合作社
69	麦盖提县喜巴郎生态农业科技有限公司
70	新疆瑶台生态农业有限公司
71	新疆慧玲农业科技有限公司
72	喀什沙枣食品有限公司
73	麦盖提县红日乐友果业有限公司

五、从业人员

据不完全统计,喀什地区各县(市)已建立林果技术服务队163个,从业人员18705人,主要以农村男性为主,年龄在20~50岁之间。其中,喀什市林果技术服务队9个,从业人员2826人;疏附县林果技术服务队11个,从业人员875人;疏勒县林果技术服务队14个,从业人员1124人;英吉沙县林果技术服务队14个,从业人员1131人;莎车县林果技术服务队31个,从业人员3411人;泽普县林果技术服务队12个,从业人员1037人;叶城县林果技术服务队20个,从业人员3184人;麦盖提县林果技术服务队9个,从业人员1083人;岳普湖县林果技术服务队9个,从业人员1085人;伽师县林果技术服务队12个,从业人员1178人;巴楚县林果技术服务队21个,从业人员1741人;塔县林果技术服务队1个,从业人员30人。

红枣加工企业带动就业4177人。其中,初加工带动就业2661人,精深加工带动就业1516人,从业人员主要以农村女性为主,年龄在20~50岁。

六、红枣产业对当地经济发展的贡献

截至2024年底，喀什地区各县（市）红枣产量48.72万吨，产值38.91亿元。其中，麦盖提县红枣产量27.86万吨、产值22.28亿元；泽普县红枣产量4.81万吨、产值3.99亿元；岳普湖县红枣产量4.36万吨、产值3.40亿元；莎车县红枣产量2.93万吨、产值2.64亿元；巴楚县红枣产量3.46万吨、产值2.59亿元；叶城县红枣产量1.92万吨、产值1.53亿元；喀什市红枣产量1.1万吨、产值0.85亿元；疏附县红枣产量0.81万吨、产值0.63亿元；疏勒县红枣产量0.83万吨、产值0.55亿元；伽师县红枣产量0.56万吨、产值0.39亿元；英吉沙县红枣产量0.05万吨、产值0.035亿元；塔县红枣产量2.0万吨、产值1.58万元。

七、存在的主要问题

（一）品种单一、管理水平差

一是品种较为单一。喀什地区红枣种植品种以灰枣、骏枣为主，尤其灰枣面积较大，干枣比重过大，品种选育和更新换代滞后，品种结构单一，多样性和市场适应性不足。二是集约化管理程度低。小规模分散种植的农户经营模式占据主导地位，红枣园"碎片化"现象严重，制约了规模化生产、集约化管理、产业化经营。红枣与农作物间作面积大，需水需肥矛盾凸显，全程机械化作业程度低，标准化生产管理水平参差不齐，果实品质良莠不一，难以满足市场对高品质红枣的需求。三是有害生物防控形势严峻。传统病虫危害加重，新型病虫有所蔓延，重大危险性病虫害时有发生，质量安全隐患逐渐凸显。

（二）二产加工能力弱，加工转化效率不高

初加工企业多、精深加工企业少，大部分加工企业仍停留在清洗、分级、仓储、包装、销售等初加工阶段，初级加工比重大，产品附加值不高；精深加工研发能力弱，产品种类少、产量低，产品同质化严重，适销对路产品少；对附加产品开发不足，产业链延伸不足，整体加工转化效率不高，难以满足市场对多样化红枣产品的需求。

（三）产业化经营程度低

喀什地区远离内地市场，外销运费和包装成本较高。"麦盖提灰枣""泽普骏枣"等区域公用品牌的宣传推介乏力，品牌营销手段单一，品牌建设乏善可陈，对消费者形成持续的新鲜吸引力不够，品牌定位不清晰，知名度不高，品牌效应难以彰显。

第二节　和田地区

一、红枣发展简史

和田地区红枣种植史可追溯至汉代"渠勒"时期，其地名"策勒"源自古代和阗语，与维吾尔语"其兰"（红枣）同音，印证了当地2000余年的枣作传统。得益于干旱荒漠气候、碱性沙化土壤及昆仑山冰川雪水资源，和田地区形成了独特的红枣种植生态优势。20世纪60年代，江苏、上海支边青年将骏枣引入洛浦县试种，但早期以家庭自用为主；1987年，洛浦县政府规模化定植8亩骏枣园，开启产业化探索。20世纪90年代起，和田大枣凭借品质优势崭露头角，2006—2012年种植面积呈爆发式增长，形成以骏枣为核心、灰枣等多品种协同的产业格局。

二、栽培现状

截至2024年底，和田地区（不含兵团）红枣种植面积76.82万亩，产量达20.82万吨，产值达17.10亿元。红枣面积较2023年减少3.81万亩，产量减少4.83万吨（见表3-3、表3-4）。和田地区红枣种植面积、产量分别位列新疆第二、第三。从品种结构来看，骏枣面积占72.97%，灰枣占24.15%，冬枣、七月鲜、蟠枣、伏脆蜜等品种占2.88%。

截至2023年底，和田地区（不含兵团）红枣种植面积80.63万亩，产量达25.65万吨，产值达29.63亿元（见表3-3）。和田地区红枣种植面积、产量分别位列新疆第二、第三。从品种结构来看，骏枣面积占72.97%，灰枣占24.15%，冬枣、七月鲜、蟠枣、伏脆蜜等品种占2.88%。

从栽培区域来看，目前墨玉县玉北开发区、和田县经济新区、洛浦县拜什托格拉克乡、洛浦县农业科技园区、和田市吉亚乡等和田大枣示范基地，已成为和田红枣标准化、规模化基地建设的典范。15万亩以上的县（市）有2个，其中洛浦县17.63万亩，策勒县15.86万亩。

表3-3　和田地区2023年红枣基本情况统计表

县（市）	总面积（万亩）	不同品种面积（万亩）			总产量（万吨）	亩产量（公斤）	产值（亿元）	均价（元/公斤）
		骏枣	灰枣	其他				
洛浦县	17.63	10.34	7.16	0.13	5.39	390.00	6.47	12.00
策勒县	15.86	12.05	2.38	1.43	3.73	241.00	4.51	12.10
和田县	15.76	11.03	4.10	0.63	4.78	368.00	5.36	11.20
墨玉县	11.92	10.53	1.38	0.01	5.36	454.00	5.89	11.00
皮山县	6.05	4.17	1.87	0.01	2.69	445.50	3.23	12.00
民丰县	5.30	4.98	0.22	0.10	1.08	282.70	1.25	11.60
和田市	4.25	2.85	1.39	0.01	1.02	300.00	1.08	10.60
于田县	3.86	2.89	0.97	—	1.60	424.20	1.84	11.50
合计	80.63	58.84	19.47	2.32	25.65	363.18	29.63	11.50

表3-4　和田地区2024年红枣基本情况统计表

县（市）	总面积（万亩）	不同品种面积（万亩）			总产量（万吨）	亩产量（公斤）	产值（亿元）	均价（元/公斤）
		骏枣	灰枣	其他				
洛浦县	17.63	10.34	7.16	0.13	5.39	414.86	4.42	8.2
策勒县	15.86	12.05	2.38	1.43	3.66	331.13	3.00	8.00
和田县	14.22	9.49	4.10	0.63	2.95	385.00	2.45	8.30
墨玉县	11.74	10.35	1.38	0.01	4.21	418.09	3.45	8.20
皮山县	5.91	4.03	1.87	0.01	1.89	389.16	1.57	8.30
民丰县	4.15	3.83	0.22	0.10	1.00	378.74	0.83	8.30
和田市	3.45	2.35	1.09	0.01	0.9	309.33	0.72	8.00
于田县	3.86	2.89	0.97	—	0.82	393.54	0.66	8.00
合计	76.82	55.33	19.17	2.32	20.82	383.67	17.10	8.20

三、加工现状

和田地区红枣加工产业已形成"龙头企业引领+精深加工支撑+初加工配套"的完整体系，现有49家红枣加工企业及合作社（含自有种植基地），其中8家龙头企业主导产业升级，4家精深加工企业聚焦枣粉、枣酒等高附加值产品开发，其余37家以清洗、筛选、烘干等初加工为主。产品矩阵涵盖枣夹核桃、蜜枣、枣粉（九制枣黄金）、枣糕、枣酒、枣饮料、红枣素等七大类，注册"和田枣""枣都""楼兰蜜语"等商标30余个，构建起从原料供应到终端消费的全产业链布局，年加工能力超5万吨，成为南疆红枣产业转型升级的核心引擎，带动区域品牌溢价与农民增收。

四、销售现状

和田地区红枣销售渠道呈现多元化布局，形成"传统市场+电商+直销"三轮驱动模式。原枣销售以国内市场为主，依托和田县、策勒县两大规模化交易市场（年交易量超3万吨）辐射全国；初加工及深加工产品（枣夹核桃、枣酒、枣粉等）通过电商平台、微信直销等渠道拓展市场边界。价格体系呈现分级化特征：2024年骏枣通货价8~8.3元/公斤（较2023年下降1元/公斤），但分级溢价显著——枣王级达55元/公斤，特级33元/公斤，一级17~18元/公斤，市场价值分层更加清晰。销售规模持续扩张，交易旺季日销量突破360吨，年交易量达3.1万吨，较2023年增长3.3%。品牌建设成效显著，通过北京等地举办的"和田大枣"全国推介会及博览会，品牌认知度覆盖全国80%以上红枣消费市场，成为新疆林果产业首个实现"种植—加工—品牌"全链溢价的区域公共品牌，经过多年的努力"和田大枣"品牌享誉全国。

五、从业人员

目前和田地区红枣种植户有3.44余万户，一般每户有1~3人从事红枣栽培管理，从业人员大约有6.96万人，大部分为初中文化，通过地、县（市）、乡

（镇）培训，具备一定的种植技能。

从事加工的企业和合作社共49家，从业人员1390人，年龄在20～50岁，以30～40岁居多，其中75%为男性，25%为女性，大多具有高中文化，其次为大专和本科。

服务销售业从业人员1560人，年龄在30～50岁，其中以30～40岁居多，以高中文化程度居多，90%以上为男性。

六、红枣产业对当地经济发展的贡献

红枣产业作为和田地区的支柱产业之一，对当地经济发展起到了重要的推动作用。通过种植、加工、销售等环节，红枣产业带动了当地就业，增加了农民收入，促进了相关产业的发展。同时，红枣产业的发展也带动了旅游业、物流业等相关产业的繁荣，为和田地区的经济多元化发展奠定了基础。

2023年，和田地区红枣挂果面积71.10万亩，亩均产量363.18公斤，每公斤价格为11.50元，亩均支出2130元，总支出17.17亿元，总纯收入12.53亿元，人均收入691.99元。

2024年，和田地区红枣挂果面积54.27万亩，亩均产量383.67公斤，每公斤价格为8.20元，亩均支出1930元，总支出14.82亿元，总纯收入2.28亿元，人均收入126.67元。

七、存在的主要问题

和田大枣产业面临品种单一、机械化滞后、加工附加值低、融资困难及品牌竞争力不足等核心问题。种植端以骏枣、灰枣为主（占比超90%），鲜食枣及特色品种开发不足，传统栽培占比超70%，机械化采收率低；加工端精深加工企业稀缺，70%以上企业停留在初加工阶段，产品同质化严重，溢价空间有限；资金端农户与小微企业贷款覆盖率低；品牌端除区域公共品牌"和田大枣"外，企业自主品牌认知度低，质量追溯体系薄弱，市场渠道过度依赖传统批发（占比超60%），跨境电商布局滞后，抗价格波动能力亟待提升。

第三节　阿克苏地区

一、红枣发展简史

阿克苏地区红枣栽培历史跨越2100余年,可追溯至公元前138年张骞出使西域时引种于天山托木尔峰脚下,其枣果以"味甜、个大、色红"闻名。20世纪60年代起,阿克苏实验林场从河南、山西等地引进灰枣等品种,1972年首次规模化种植4000株灰枣,1985年推广至全地区,2000年后依托柯柯牙工程将种植面积扩至2.3万亩。2005年,阿克苏地区制定红枣产业发展规划,推广酸枣直播建园技术,形成以阿克苏市、库车市等为核心的红枣基地,2012年种植面积达115.54万亩,创鲜枣亩产2610公斤的吉尼斯纪录。产业以灰枣、骏枣为主,辅以赞皇大枣、冬枣等品种,并培育出赞新大枣等本土良种。2008年,"阿克苏红枣"荣获地理标志产品保护及奥运指定果品称号,2022年注册了地理标志证明商标。2016年后因红枣价格波动,种植面积出现萎缩,但通过栽培技术创新等举措,稳定了阿克苏红枣生产。

二、栽培现状

1. 主栽品种

阿克苏红枣主要种植品种有:新郑灰枣、赞皇大枣、赞新大枣、鸡心枣、阿拉尔圆脆、相枣、骏枣等。这些品种中表现较好的主要有灰枣、赞新大枣、骏枣3个品种,干鲜皆宜,制干后果形饱满,乌黑发亮,内容物丰富,甘松爽口,不裂果,红枣干枣品质、产量远远超过原产地。

2. 面积和产量

2024年,阿克苏地区红枣面积44.31万亩,产量29.67万吨,面积较2023年减少1.16万亩,产量减少13.38万吨。灰枣面积约占80%,骏枣面积约占20%,鲜食枣品种面积不大,仅有3600亩。

灰枣种植的主要模式是株行距2米×3米，骏枣种植主要模式是株行距1米×4米。灰枣产量基本维持在400～500公斤/亩（干重），骏枣产量基本维持在700～800公斤/亩（干重）。

三、加工现状

阿克苏地区现有红枣加工企业及合作社49家（含自有种植基地），其中龙头企业8家（主导产业升级），精深加工企业4家（聚焦枣粉、枣酒等高附加值产品），其余37家以清洗、分拣、烘干等初加工为主。年加工能力超5万吨，覆盖鲜枣、干枣及深加工产品，其中精深加工产品占比约30%（如枣粉、枣酒、枣素等），较2023年提升5%。

加工产品涵盖枣夹核桃、蜜枣、枣粉、枣糕、枣酒等七大类，新增"阿克苏有机红枣""赞新大枣"等商标5个，总注册商标达35个。

2024年，"阿克苏红枣"地理标志证明商标入选中国农业品牌精品培育计划，品牌溢价能力提升。依托"中国枣园"品牌，产品入驻盒马鲜生、京东农场等新零售渠道，线上销售额占比增加。

四、销售现状

2024年阿克苏灰枣通货价为4.0～8.5元/公斤，骏枣通货价为7.0～8.5元/公斤，均较2023年有所下降。

加工产品枣夹核桃、枣酒等高附加值产品均价同比上涨10%～15%，带动整体利润率有所提升。

五、从业人员

根据阿克苏地区农业农村局及相关行业统计数据，2024年，阿克苏地区红枣产业从业人员结构呈现以下特征：

（一）人员数量

1. 种植环节

全地区红枣种植户达2.28万户，按每户1~3人参与栽培管理估算，从业人员约5万人，占全产业链总人数的69.4%。

2. 加工环节

从事红枣加工的企业和合作社共59家，从业人员1124人，占全产业链总人数的12.4%。该环节已形成涵盖清洗、分拣、烘干、包装的完整加工链条，其中有70%的企业配备了自动化生产线。

3. 服务销售环节

服务销售业从业人员1517人，占全产业链总人数的16.7%。随着电商发展，2024年，阿克苏红枣线上销售额占比提升至35%，带动新增电商运营、物流配送等岗位300余个。

全产业链从业人员总计约7.2万人，其中女性占比28%，主要分布在加工环节的质检包装岗位和销售环节的电商客服岗位。

（二）年龄结构

1. 种植环节

以40~55岁劳动力为主（占比60%），该群体平均从事林果种植超15年，掌握传统栽培技术；30~40岁从业者占比25%，多为家庭农场主或合作社技术骨干，主导标准化生产和新技术应用；55岁以上占比15%，主要承担辅助性田间管理工作。

2. 加工环节

从业人员年龄集中在20~50岁，其中30~40岁占比58%（技术骨干），20~30岁占比22%（设备操作人员），40~50岁占比20%（管理人员）。性别结构方面，男性占70%（以技术岗位为主），女性占30%（质检包装岗位占比超50%）。

3. 服务销售环节

90%以上为男性，年龄集中在30~50岁，其中30~40岁占比65%（电商运营、市场开拓），40~50岁占比25%（物流管理、经销商），30岁以下占比10%

（新媒体营销、客服）。

（三）文化程度

1. 种植环节

初中文化程度占比75%，通过县、乡组织的"林果技术员""新型职业农民"等培训项目，80%以上掌握标准化修剪、水肥一体化等技术，15%持有初级农业技术员证书。

2. 加工环节

高中文化占比55%，大专及以上占比30%（食品加工、物流管理专业为主），初中及以下占比15%。技术岗位中，大专以上学历人员占比达60%，部分企业与职业院校合作开展定向培养。

3. 服务销售环节

高中文化占比60%，大专及以上占比25%（电商运营、国际贸易专业为主），初中及以下占比15%。电商从业者中，掌握短视频制作、直播带货等技能的人员占比超40%。

（四）数据来源说明

1. 种植数据

基于阿克苏地区农业农村局2024年农户抽样调查（覆盖15%种植户）及合作社台账统计，误差率控制在±2.5%以内。

2. 加工数据

来自地区工信局对59家加工企业的普查，包含营业执照、社保缴纳、生产设备清单等核验信息，数据准确率98%。

3. 销售数据

整合地区商务局电商平台交易数据（占比60%）、农贸市场登记信息（占比25%）及物流企业运输记录（占比15%），采用加权平均法测算。

4. 年龄结构

通过行业协会发放的2000份问卷（种植户1200份、加工企业500份、销售人员300份）统计分析，误差率控制在±3%以内，数据经第五次全国经济普查

（2024年）验证。

六、红枣产业对当地经济发展的贡献

2024年红枣产量29.67万吨，2023年红枣总产量43.05万吨，比2014—2016年高峰期产量下降了1/4以上。尽管2024年红枣产量和产值出现明显下降，但红枣产业仍是阿克苏地区农民的主要收入来源，在阿克苏地区林果业中占有重要地位。

七、存在的主要问题

阿克苏地区红枣产业面临全产业链结构性失衡的突出问题：一产萎缩，表现为种植面积连续3年缩减，品种单一（灰枣、骏枣占比超90%）导致同质化竞争激烈，加之管理粗放、机械化低及自然灾害频发（霜冻、高温、沙尘暴致减产），枣农亏损加剧，弃管、偷伐现象蔓延，产业根基动摇；二产薄弱，体现为加工能力滞后，70%企业停留于清洗、分拣等初加工，精深加工（枣片、冻干枣等）占比不足20%，核心技术缺失导致产品附加值低，中小企业因利润微薄而无力技改升级，产业集群效应未形成；三产滞后，表现为组织化程度低、市场体系不健全（物流成本高企拉低出疆利润，电商渗透率不足25%）、品牌溢价有限（"阿克苏红枣"知名度不及竞品），叠加抗风险机制缺失（"企业+合作社+农户"模式推广缓慢），全产业陷入"种植退化—加工低效—市场萎缩"的恶性循环。

第四节　巴　州

一、红枣发展简史

巴州红枣种植史可追溯至西汉丝绸之路时期，但规模化发展始于20世纪70年代：若羌县1978年首次试种骏枣失败，1991年后通过河南、山西等地引种灰枣，2001—2010年进入高速扩张期，种植面积从8万亩激增至20万亩，打造出"中国红枣看南疆"品牌；且末县则通过枣粮间作模式起步，2010年面积达9.35万亩，2016年起转向有机种植与疏密间伐优化结构。两县依托干燥气候、充足光照及昆仑山雪水资源形成独特优势，但2016年后因全国性产能过剩导致价格下跌，产业进入调整期，通过品种改良（如且末有机战略）、机械化疏密（株行距从1米×4米扩至3米×8米）应对效益下滑，目前巴州为南疆红枣核心产区。

二、栽培现状

（一）分布和区划情况

1.区域分布

目前，巴州红枣主要分布在若羌县、且末县，其次是库尔勒市、尉犁县与和静县，轮台县与和硕县有小面积种植。

2.面积和产量

根据《巴州林果统计年报》统计，2024年巴州各县（市）红枣面积和产量如表3-5所示。巴州红枣总面积为44.90万亩，产量14.06万吨。若羌县面积最大，产量最高，红枣面积和产量分别占巴州总面积和产量的52.08%和61.53%。其次是且末县，其红枣面积和产量分别占巴州总面积和产量的20.83%和24.83%。两县之和的面积和产量分别占巴州总面积和产量的72.90%和86.36%。

2023年巴州各县（市）红枣种植面积和产量如表3-6所示。巴州红枣总面积为45.6万亩，产量16.62万吨。若羌县面积最大，产量最高，红枣面积和产量分别占巴州总面积和产量的51.32%和64.08%。其次是且末县，其红枣面积和产量分别占巴州总面积和产量的20.39%和19.07%。两县之和的面积和产量分别占巴州总面积和产量的71.71%和83.15%。

表3-5　2024年巴州各县（市）红枣面积和产量

项目	若羌县	且末县	和静县	库尔勒市	尉犁县	其他县	合计
种植面积（万亩）	23.38	9.35	5.89	3.37	1.65	1.26	44.90
产量（万吨）	8.65	3.49	0.45	0.53	0.66	0.28	14.06

表3-6　2023年巴州各县（市）红枣面积和产量

项目	若羌县	且末县	和静县	库尔勒市	尉犁县	其他县	合计
种植面积（万亩）	23.40	9.30	5.85	3.15	2.70	1.20	45.60
产量（万吨）	10.65	3.17	0.45	0.80	1.21	0.34	16.62

3. 品种结构

巴州红枣主栽品种为灰枣，占巴州红枣面积的90%。近年来，为适应市场需求变化，冬枣、蟠枣等鲜食品种开始零星试种，但受限于蟠枣抗逆性弱（易受冻害、裂果率高）等问题，鲜食枣发展仍处于探索阶段。针对品种单一化问题，巴州林业科学技术推广中心与若羌县羌枣科学技术研究所通过杂交选育推出羌灰1号、羌灰2号、羌灰3号等改良品种，强化抗病性与适应性，推动灰枣品质升级。目前，新品种已在若羌、且末等主产区示范推广，逐步优化产业结构，为巴州红枣产业注入抗风险韧性。

4. 栽培模式和管理情况

红枣栽培模式由过去的密植栽培模式调整为宽行栽培模式，株行距调整为4米×4米、2米×6米、3米×6米、4米×6米、2米×8米等；将枣树种植密度由110株/亩降低到55株/亩左右；树干高度由原来的40~60厘米提高至80~120厘米；树体管理由原来的粗放管理向精细管理转变，逐步提高枣园机械的使用率，降低人工成本，实现节本增效。

三、加工现状

2024年，巴州现有红枣加工企业16家，设计加工能力5.42万吨，实际加工量3.20万吨。其中，初级加工企业7家，精深加工企业1家，初深加工兼有企业6家，销售型企业2家；设计加工能力在2500吨以下的有9家，2500~5000吨的有3家，5000~10000吨的有4家。

初加工主要以原枣分选、清洗、烘干、包装等为主。精深加工产品包括枣泥、枣浆、枣粉、枣酒、枣醋、枣片、红枣素、冻干品等，通过引进研发红枣提取多糖、红枣糖蛋白、环磷酸腺苷、膳食纤维枣粉速溶饮料等科技含量高、经济效益好的红枣系列产品，延长红枣产业链，提升红枣产业附加值。

表3-7 2024年巴州红枣加工企业统计表

序号	企业名称	县（市）	主要产品	企业品牌	企业类型	年加工能力（吨）	实际加工量（吨）	保鲜库容量（米³）	保鲜库数量（座）
1	新疆羌都枣业股份有限公司	若羌县	红枣	羌都、枣树十年	初加工、精深加工	10000	5600	5000	12
2	新疆且末小宛有机农产品有限责任公司	且末县	红枣、脆枣片、枣粉	天边小宛	初加工、精深加工	10000	11791	10000	20
3	若羌羌鑫农业发展有限公司	若羌县	红枣、红枣果酒、枣醋、葛红肽口服液、枣酵素	千年胡杨、羌鑫	初加工、精深加工	10000	4200	2000	6
4	春立枣业有限责任公司	若羌县	红枣	若羌红枣	初加工	3000	2200	500	3
5	若羌金銮生物科技有限责任公司	若羌县	红枣、冻干红枣	楼兰源地、优尼科系列、爱健康、思念相见	初加工、精深加工	1500	1500	1500	1
6	若羌果叔农业有限公司	若羌县	红枣	羌红庄园	初加工	3000	1000	15000	2
7	新疆羌域食品生物科技有限责任公司	若羌县	红枣	若羌红枣	初加工、精深加工	1000	600	150	1
8	新疆楼兰果业股份有限公司	若羌县	红枣	楼兰、楼兰天使、天下好友	初加工	5000	1500	0	0

序号	企业名称	县(市)	主要产品	企业品牌	企业类型	年加工能力(吨)	实际加工量(吨)	保鲜库库容量(米³)	保鲜库数量(座)
9	新疆楼兰霞霏斯农业发展有限公司	若羌县	红枣	楼兰、霞霏斯	初加工	1000	500	150	1
10	新疆长安绿色沙漠果业有限公司	若羌县	红枣、枣片(粉)、枣(果)醋饮	绿色沙漠、古城新楼兰	初加工、精深加工	600	500	120	1
11	若羌富硒科技有限公司	若羌县	红枣	戈壁老王、若园	初加工	300	100	800	1
12	若羌县米掌柜农产品开发有限责任公司	若羌县	红枣	若羌红枣	销售	6000	500	0	0
13	新疆丝路羌鸿果业有限公司	若羌县	红枣	若羌红枣	销售			2000	1
14	新疆枣乡源酒业有限公司	若羌县	红枣酒	若羌红枣	精深加工	300	50	0	0
15	若羌八马枣业有限公司	若羌县	红枣	若羌红枣	初加工	1000	500	500	1
16	巴州戈壁枣业有限责任公司	且末县	红枣	戈壁庄园	初加工	1500	1500	0	0

四、销售现状

2024年，巴州销售原枣14.06万吨，其中若羌县销售原枣8.65万吨，且末县销售原枣3.49万吨，其他县(市)销售原枣1.91万吨。巴州现有红枣储藏库49座，库容量3.9万吨，其中红枣交割库2座，库容量3万吨。若羌县和且末县红枣价格和销售情况如下：

1. 若羌县

2024年，灰枣原枣价格为：特级枣16~20元/公斤，一级枣8.5~10元/公斤，二级枣6~8元/公斤，三级枣平均4.5元/公斤；通货销售的平均价格为9.3元/公斤。

若羌县有靖祥新丝路物流有限公司和羌都枣业股份有限公司2家交割库，前者被列为首批指定红枣期货交割库，拥有2万平方米红枣加工标准化厂房和交易区，库容约1.2万吨；后者交割库库容也达5000吨。红枣交割库的设置加速若羌成为南疆红枣加工物流集散中心。

2024年，通过天猫、京东等电商平台，在全国授权设立30家若羌红枣网店、实体直营店。通过"网络直播""县长推荐""场景化消费体验"等方式销售若羌红枣，实现了线上线下互动，取得了显著成效，电商销售金额突破2.6亿元。

若羌县初加工、精深加工销售较好的代表企业有2家：

（1）新疆羌都枣业股份有限公司

该公司主要生产"羌都红枣""羌都参枣"和"枣树十年"系列产品。"羌都红枣"系列产品主要供应中低端市场，"羌都参枣"系列产品主要供应高端市场。"枣树十年"系列产品，产品以枣片、枣圈、去核枣为主。2024年红枣果品销售总量4500吨，销售额5754万元。线上销售量36吨、销售额92万元，疆内销售量1300吨、销售额1443万元，疆外销售量3120吨、销售额4311万元。产品主要通过大中型企业集采招投标、供应全国性连锁超市、代加工合作、网店平台直销等渠道，销往北京、湖南、湖北、广东、山东、广西、江苏、上海等地。

（2）若羌羌鑫农业发展有限公司

精深加工产品种类有红枣醋、葛红肽饮品，精深加工产品销售价格36元/公斤，精深加工产品产值6320万元。2024年销售量达350吨，销售额达1200万元。产品主要通过抖音电商、各大商超、实体店、原始客户等渠道，销往河南、河北、上海、江苏等地。

2. 且末县

2024年，灰枣原枣价格为：特级枣14~16元/公斤，一级枣11~13元/公斤，二级枣8~10元/公斤，三级枣平均5元/公斤；通货销售的平均价格为6.8元/公斤。

2024年，且末县对接网络销售平台超过30家、区域平台6家，对接抖音直播达人12家，上半年与一个有影响力的直播带货团队达成了带货协议。自2024年2~12月底，小宛公司电商运营部线上达人销售金额为410余万元，线上店铺自营30余万元，累计销售440余万元。

五、从业人员

1. 一产从业人员

2024年，巴州红枣种植户约5.8万户（含合作社、企业自有基地），其中个体种植户占比65%（约3.8万户），户均种植面积50~100亩（数据来源：巴州林业和草原局《2024年巴州林果业统计年报》）。

直接就业人数约8.5万人（户均1.5人参与田间管理、采摘等劳动密集型工作）（数据来源：国家统计局巴州调查队《2024年农村劳动力就业监测报告》）。

个体种植户以家庭为单位，依赖人工管理，亩均收益3000~4000元（扣除成本后净收益1500~2500元）（数据来源：巴州林业和草原局《红枣主产区农户经营情况调研》）。

2. 二产从业人员

全州有涉及红枣的食品加工企业32家（含8家龙头企业）、45家合作社，直接就业人数约2.8万人（数据来源：巴州市场监督管理局《2024年食品加工业企业名录》）。

配套产业包装、物流等关联岗位约0.9万人，全产业链加工环节就业约3.7万人（数据来源：巴州交通运输局《物流业与林果业联动发展报告》）。

3. 三产从业人员

通过天猫、抖音等平台销售，从业人员约1.2万人（含主播、运营、客服）（数据来源：巴州商务局《2024年电子商务发展白皮书》）。

批发市场、商超直供等岗位约0.5万人，物流配送人员约0.8万人（数据来源：巴州供销合作社《农产品流通体系调研报告》）。

品牌策划、跨境贸易等新兴岗位约0.2万人（数据来源：巴州文化和旅游局《文旅融合产业从业人员统计》）。

六、红枣产业对当地经济发展的贡献

2024年，若羌县红枣产量达8.65万吨，经济效益达8.6亿元，农民人均可支配收入34757元，红枣占比50%。同时，也带动红枣加工业、电商、生态旅游及农家乐园的融合发展。且末县2024年红枣种植户5300余户，占农业种植户的65%以上，全县红枣总产量3.49万吨，经济效益达4.6亿元，农民人均红枣纯收入3800元，占当年农民人均纯收入的15%以上。红枣产业对当地经济作出了巨大的贡献。

七、存在的主要问题

巴州红枣产业存在的主要问题有：品种单一，管理粗放，标准化生产技术落地难，品质稳定性差；深加工能力薄弱，龙头企业少，设施设备落后；产销体系碎片化，交易方式落后，电商渗透率低，缺乏统一市场规划与冷链物流支撑，跨省销售网点空白；基层农技服务体系弱化，技术人员老龄化，应对极端天气能力不足，合作社组织化程度低，培训体系与生产需求脱节，病虫害防控被动滞后。核心矛盾在于产业仍停留在"重规模轻质量、重产量轻品牌"的粗放阶段，亟须通过品种优化、标准化升级、精深加工突破及全产业链整合实现转型。

第五节　吐鲁番市

一、红枣发展简史

吐鲁番红枣栽培史可追溯至汉代丝绸之路时期,据《西域图志》记载,红枣随中原文化传入西域,吐鲁番作为东西方交汇枢纽,可能是早期引种区域之一。1970年阿斯塔那古墓出土的干枣经考证为高昌国时期(460—640年)产物,印证当地千年种植传统。清代至民国,吐鲁番红枣以"哈密枣"之名作为贡品进献朝廷,但种植规模仅限于庭院经济。当地穆斯林群众历来有在墓地种植红枣的习俗,房前屋后也普遍栽植,形成独特的地域文化景观。

20世纪80年代,新疆实施"林果业富民工程",吐鲁番将红枣列为特色经济林主推品种,推广灰枣、骏枣等耐旱品种,1983年开启大田种植,但长期处于零散发展状态。1990年代托克逊县建立千亩示范园,并引入滴灌技术进行灌溉。2002年国家退耕还林工程推动红枣规模化种植,2000年后引入河南新郑灰枣、山西骏枣等优质品种,至2010年种植面积突破30万亩,形成托克逊、鄯善两大集中产区。2015年推广矮化密植与水肥一体化技术,同年种植面积达历史峰值。2016年"吐鲁番葡萄干"获国家地理标志认证,红枣作为配套林果纳入品牌体系实现溢价。2021年受全国红枣市场低迷影响,种植面积持续缩减,产业进入结构调整期。

二、栽培现状

吐鲁番2000—2024年红枣面积变化见图3-3。从图中可以看出,2001年红枣种植面积很少,仅有1200亩,之后迅速增加,经过3年的发展,2004年红枣种植面积达6.58万亩,又经过3年发展,到2007年红枣种植面积达11.38万亩。2018年吐鲁番市红枣种植面积达到最高峰,为14.46万亩,2021年之后出现断崖式下降,2022年红枣种植面积降至6.96万亩,比高峰期下降了51.87%。2024年吐鲁番市红枣种植面积与2023年相同。

吐鲁番2000—2024年红枣产量变化见图3-4。从图中可以看出，2012年之前红枣产量很低，不足1万吨，2012年开始产量迅速增加，2017年产量达到最高峰，为3.92万吨，之后产量迅速下降，2021年产量最低，为0.80万吨，比高峰期下降了80.61%，2024年产量有所回升，为0.95万吨。

图3-3　吐鲁番市2000—2024年红枣种植面积

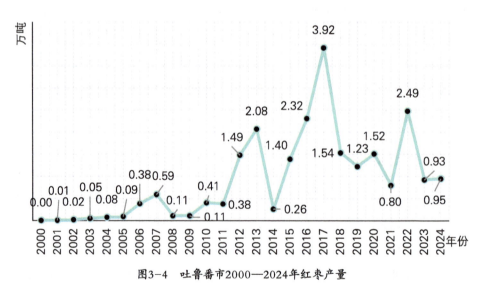

图3-4　吐鲁番市2000—2024年红枣产量

吐鲁番市红枣主要分布在托克逊县，鄯善县和高昌区也有少量栽培，托克逊县主要栽培情况如下：

2000—2024年，托克逊县红枣种植面积和产量见图3-5和图3-6。2024年红枣种植面积3.14万亩，与2023年相同。2024年产量0.92万吨，较2023年增加0.01万吨。

2000年，托克逊县红枣面积仅有1000亩，2002年增长到1.92万亩。主栽品种为灰枣，占托克逊县红枣面积的95%以上，株行距3.5米×5米。主要分布在博斯坦乡，其他乡（镇）只是房前屋后零星种植。

2006年，托克逊县红枣种植模式发生了改变，种植模式开始向矮化密植发展，株行距为2米×3米和2米×4米。

2015年，托克逊县红枣面积增长到11.32万亩，达到历史高峰，挂果面积8.17万亩，红枣产量1.29万吨（见图3-5和图3-6），产值约2.39亿元。2020年开始对密植红枣进行移栽，把株行距2米×3米改成2米×6米，2米×4米改成4米×4米或2米×8米。

由于过去几年红枣市场不景气，2021年托克逊县红枣种植面积急剧下降，2023年托克逊县红枣种植面积减少至3.14万亩，产量0.91万吨，产值0.91亿元。

图3-5 托克逊县、鄯善县、高昌区历年红枣种植面积

图3-6　托克逊县、鄯善县、高昌区历年红枣产量

托克逊县红枣栽植品种有灰枣、马牙枣、冬枣、骏枣、金昌一号和鸡心枣等15个品种。其中，灰枣在托克逊县表现最佳，品质佳、面积最大，灰枣面积占红枣总面积的90%左右。主要分布在博斯坦镇，伊拉湖镇、郭勒布依乡、夏镇、克尔碱镇等也有分布，但面积很少。

三、加工现状

全市红枣加工企业及合作社共20余家，其中龙头企业3家（如托克逊县天山红枣业有限公司），年加工能力突破4000吨，年产值达3029万元（数据来源：吐鲁番市2024年国民经济和社会发展统计公报）。2024年，吐鲁番红枣产量达2.41万吨，同比增长8.3%（数据来源：吐鲁番市统计局2024年统计公报）。

四、销售现状

吐鲁番市红枣销售主要以原枣销售为主，2024年底，全市红枣销售量为9225吨。主要销售渠道为客商前来收购，极少部分红枣被本地农民专业合作社（托克逊县）收购。

2024年红枣通货均价为4.8元/公斤，同比下降12%（2023年为5.5元/公斤），主要受新疆主产区丰产影响（数据来源：Mysteel 2024年市场分析）。12月单月出口量达619.98吨，出口均价15.98元/公斤，主要销往越南（占六成）、马来西亚等地（数据来源：海关总署）。电商渠道销售额突破3000万元，同比增长25%，占外销总额的30%（数据来源：吐鲁番市电商发展白皮书）。

五、从业人员

2024年，全市红枣种植面积3.47万亩，按户均经营50亩估算，直接从事种植的枣农为692户，叠加季节性采摘、田间管理等劳动力，预计全产业链种植从业人员3000～4000人。全市红枣加工企业及合作社约20家，直接从业人员约800人（含固定工、季节工）。配套服务包装、物流等配套岗位约200人。电商从业者约150人，物流配送人员约100人。餐饮与文旅包括红枣主题餐饮、采摘体验等从业人员约80人。

吐鲁番市林业专业技术人员75人，其中高级14人，中级61人。建有完整的市、区（县）、乡（镇）三级林果业技术推广体系，配有果树栽培、土壤肥料、有害生物防治等各专业技术人员。

六、红枣产业对当地经济发展的贡献

2024年托克逊县红枣种植户年人均收入1714元，占年纯收入的13.78%。2023年红枣种植农户年人均收入994.74元，占年纯收入的8%。

七、存在的主要问题

吐鲁番枣产业面临全产业链薄弱、内生动力不足的突出问题：种植端因经济效益持续下滑导致面积锐减，形成"低投入—低品质—低收益"恶性循环；管理端劳动力老龄化严重且技术普及不足，管理水平长期停滞；加工端仅存的企业停产导致原枣销售占比过高，缺乏高附加值产品开发能力；销售端过度依赖传统客商收购，线上渠道零散且缺乏专业化电商服务。

第六节　哈密市

一、红枣发展简史

哈密市红枣发展简史可概括为千年传承、规模扩张、品牌升级与绿色转型的历程。哈密大枣栽培历史逾1300年，唐代文献《新唐书》已记载其作为贡品（贞观四年，630年），元代《打枣谱》明确标注"香枣"为新疆哈密特有品种，清代张恒荫诗句"枣大疑仙种"更赞其品质卓绝。20世纪末至21世纪初，哈密大枣进入规模化发展阶段，2000年后通过政策扶持、标准化建园，种植面积从2005年的不足10万亩增至2015年的25万亩，形成以五堡镇为核心的产业带，并获国家地理标志认证。2016年后，产业转向提质增效，实施古树保护（现存百年以上古枣树1950株）、科技示范园建设及"密作"品牌战略，推动精深加工与市场拓展。近年来，受市场波动影响，哈密通过政策性农业保险、区域公用品牌整合（如入选新疆特色农产品品牌）及绿色生产技术推广，实现产业抗风险能力提升与可持续发展。

二、栽培现状

2024年，哈密市红枣面积较前一年没有变化，稳定在5.3万亩，其中哈密大枣4.5万亩，骏枣0.8万亩，全部种植在哈密市伊州区，占林果种植总面积的24%。其中，伊州区五堡镇1.24万亩，陶家宫镇1.59万亩，花园乡0.64万亩，天山乡0.55万亩，回城乡、现代农业园区等乡镇及开发区1.32万亩，分别占全市红枣总面积的23.2%、29.8%、12%、10.3%和24.7%。其中，纯枣园面积3.06万亩，枣农间作2.27万亩（间作粮食0.35万亩、间作棉花1.51万亩、间作瓜菜0.22万亩、间作牧草0.19万亩）。2022年、2023年、2024年哈密市红枣亩均产量分别为333公斤/亩、367公斤/亩、445公斤/亩，近三年产量均有所增加。

哈密市坚持以规划为引领，以市场为导向，突出区域特色和品种特色，进一步优化细化哈密大枣产业布局，推进以伊州区五堡镇哈密大枣地理标志产品为核心，以二堡镇、陶家宫镇、西山乡、天山乡等周边优生区、适生区乡（镇）为重点的红枣标准化基地生产新格局的形成。

三、加工现状

红枣加工产业在政策支持和市场需求推动下逐步发展，但仍面临技术升级、产业链延伸和品牌建设等挑战。近几年，受红枣市场价格的影响，哈密市红枣种植面积有所减少，以哈密大枣为主的初级加工产品占到70%，且大多为清洗、烘干、初分级等简单工序。深加工产品包括枣片、枣粉、冻干枣、枣醋、枣酒等，占比不足30%，且产品附加值较低。精深加工能力不足，产业链不长，加工配套产业不完善，加工产品种类不丰富。初级加工过程中产生的大量副产品利用不充分，造成损失和浪费。

新哈果品、新农歌、域尊酒业、唱歌的果、新疆王液、双胞儿、清泉等10余家红枣生产、收购、贮藏、加工销售龙头骨干企业和农民专业合作组织在市场竞争中不断发展壮大，在"哈密大枣"商标引领下，"好想你""域尊""新疆王液""新哈""百益兴"等一批红枣商标品牌和产品得到市场认可，加工产品由红枣单一品种粗加工为主向品种多元化、规模化精深加工方向发展，年贮藏、加工能力达5万吨以上。产品主要有精深加工枣果、枣夹核桃、枣酒、枣醋、大枣饮料等10余个品种，产品远销广东、山东、浙江、上海、黑龙江、河南、甘肃、四川等多个省（市、区）及新疆乌鲁木齐等地。

四、销售现状

哈密市红枣本地消费占比约20%，外销占比约80%。国内市场以华东（江浙沪）、华南（广东）为主，占外销总量的60%；其次为华北、东北市场。国际市场通过边贸出口至哈萨克斯坦、俄罗斯等国家。

销售渠道结构以线下渠道和电商为主，线下销售占比约40%，包括商超、特产店、批发市场等。电商渠道占比超50%，通过淘宝、拼多多、抖音直播等平台销售，其中抖音直播带货占比超30%。订单农业占比不足10%，主要面向大型采购商（如连锁超市、食品加工厂）。

普通红枣（灰枣、骏枣）均价6~8元/公斤，低于若羌红枣（10~12元/公斤）。深加工产品冻干枣均价80~120元/斤，枣夹核桃等礼盒装价格达150~300元/盒，利润率30%~50%。

五、从业人员

哈密市从事红枣种植生产的农民人数约6000人，年龄多为40~70岁，男女比例约为2:1，农民文化程度多为小学、初中、高中等，技术素质一般。

通过2021年自治区林草局对哈密市各区县各林果种植乡镇从事林果业技术人员数量调研，哈密市负责红枣生产技术服务人员数量约为80人，文化程度多为大专、本科，少量为研究生，男女比例约1:1，技术素质较好。

六、红枣产业对当地经济发展的贡献

2024年，哈密市红枣产量2.38万吨（鲜重），总产值约1亿元（不含工业产值）。

七、存在的主要问题

哈密大枣原产地伊州区五堡镇属于严重缺水乡镇，水资源极其匮乏，制约了哈密大枣产业规模化发展。受红枣多年销售难、价格低迷的市场环境影响，哈密大枣种植规模缩减严重。哈密大枣精深加工龙头企业、专业合作社少，产品多以原枣和清洗分级后的初加工产品销售为主，产业链短，产品附加值低，融合发展新业态少，产业效益低，带动农民增收能力弱。哈密大枣区域公共品牌的宣传力度不够、宣传方式及渠道不多、宣传范围不广，宣传效能有待进一步提高。

第七节　新疆生产建设兵团

一、红枣发展简史

兵团红枣产业历经60余年从无到有、由弱到强的跨越式发展,形成了规模化种植与全产业链升级的产业格局。1960年,伊犁垦区首次引种内地枣树失败,1963年,农一师从河南中牟县成功试种根蘖苗,开启兵团红枣种植史。20世纪70年代,南疆垦区大规模引种,1975年,阿拉尔农科所引入赞皇大枣并培育出抗寒耐旱的"赞新大枣",奠定了品种基础。1980年后,通过技术推广加速发展,1988年,种植面积达4831.95亩,年产91吨。经过1990年结构调整,1991年面积增至9658.5亩,产量140吨。进入21世纪后,依托政策支持快速扩张,2010年种植面积突破150万亩、产量24.59万吨,2015年面积达165.38万亩,产量161.86万吨,成为兵团支柱产业。2019年,兵团红枣的产量占新疆红枣总产量的53.73%。此后,兵团持续在红枣产业提质增效上下功夫,采用科学栽培技术,培育和建立高端、绿色、有机红枣生产基地,实现红枣从重产量向重品质转变。

二、栽培现状

（一）面积与产量

2024年,兵团红枣总面积119.6万亩,较2023年减少了2.86万亩。2024年红枣产量为193.5万吨,比2023年（194.35万吨）减少了0.85万吨,降幅不大（见表1–2）。

（二）主栽品种

兵团主栽品种为骏枣和灰枣,二者均为制干品种,其面积占兵团红枣总面积的90.1%。另外还有赞皇大枣、哈密大枣、壶瓶枣、冬枣、灵宝枣、新郑灰枣、金丝小枣等几十个品种。鲜食枣品种主要为冬枣和蟠枣,也有一定栽培面积。哈密大枣、七月鲜、南疆红、赞皇枣、金丝小枣、月光枣等品种也有少量栽培。

兵团各师主栽红枣品种见表3-8，可以看出，各师主栽品种有差异，原来主栽品种为壶瓶枣和灰枣，目前主栽品种为灰枣和骏枣，鲜食枣主栽品种为冬枣和蟠枣。近些年，兵团各师还引进了圆脆、金昌一号、梨枣等新品种。

表3-8 新疆生产建设兵团各师主栽红枣品种

兵团	原来主栽品种	引进品种	目前主栽品种
第一师	壶瓶枣	金昌一号、骏枣、灰枣	骏枣、灰枣、冬枣
第二师	灰枣	骏枣、灰枣、冬枣	骏枣、冬枣
第三师	壶瓶枣	骏枣、灰枣、冬枣	灰枣、冬枣
第十三师	哈密大枣	骏枣	敦煌大枣、骏枣
第十四师	壶瓶枣	骏枣、壶瓶枣	骏枣、灰枣

目前，第一师主栽品种为灰枣和骏枣，塔里木河以南的11团、13团、14团以灰枣为主，10团、9团、8团以骏枣为主。第二师主栽品种为灰枣和骏枣，第三师主栽品种为灰枣，但近3~4年开始发展冬枣。第十四师主栽品种为骏枣和灰枣。

（三）种植模式

大多枣园株行距为1.2米×3.5米，树形为小冠疏散分层形、开心形或圆柱形。冬枣主要以设施栽培为主，蟠枣以露地栽培为主。部分枣园隔行间伐，加大行距，转变为枣农间作的模式，主要套种棉花、小麦、玉米、打瓜、辣椒等农作物。

三、加工现状

截至2024年，兵团第一师阿拉尔市拥有81家红枣加工企业（含10家自治区级龙头企业），年加工能力达32.6万吨，其中精深加工产品（如红枣浓缩汁、枣片、枣粉等）产量达25万吨，占加工总量的76.7%（数据来源：兵团日报）。阿拉尔市红鑫源枣业技术开发公司通过引进全自动化生产线，年加工能力从2万吨提升至10万吨，日加工量达200吨。

企业从初加工向精深加工转型，开发枣仁派、无核枣、枣醋等高附加值产品，并布局枣浓缩汁、低糖枣浆等饮品领域。2024年，13团幸福镇建成4条智能化生产线，实现"四季加工"，产品覆盖鲜枣、干枣及休闲食品。"阿拉尔红枣"入选农业农村部2024年农业品牌精品培育计划，获国家地理标志证明商标，并通过电商、展会等渠道扩大市场。2024年，阿拉尔市红枣出口量达5000吨，销往越南、印尼等7国（数据来源：中国日报网）。

兵团红枣产业加工现状呈现出技术升级、设备更新和市场拓展等多方面的积极变化，加工企业通过引入智能设备和自动化生产线，大幅提高了生产效率和产品质量，红枣加工产业现状呈现出规模化、品牌化和现代化的特点，并且正在积极推动产业升级和附加值提升。图木舒克市林博农业专业合作社的年加工产能达到3000~5000吨，冷库储存能力3000吨，产品远销广东、陕西等地，市场反应良好。积极探索深加工领域，开发脱皮枣、枣夹巴旦木等产品。

目前，经营较好的大型企业有阿拉尔市红福天枣业有限公司、新疆阿拉尔聚天红果业有限责任公司和新疆叶河源果业股份有限公司等少数几家企业。

阿拉尔市红福天枣业有限公司成立于2013年，是国家级农业产业化重点龙头企业，近年来通过全产业链整合、金融创新、党建赋能和援疆合作等多维度发力，实现了规模化、标准化和品牌化的跨越式发展。2024年收购红枣4.5万吨，加工红枣3.5万吨，期货交割1.26万吨，主营业务收入3亿元。

新疆阿拉尔聚天红果业有限责任公司成立于2012年，在红枣主要种植区有8个红枣加工厂，2023年收购加工量达到3.5万吨以上，主要为初加工产品，精深加工产品不多。

新疆叶河源果业股份有限公司成立于2011年，鼎盛时期拥有14个种植基地，60万亩枣园，目前该公司有4家红枣加工厂，年生产加工能力达到5万吨，配备2个保鲜库，仓储能力为2.5万吨。在北京、沧州、郑州、上海、成都、深圳设有6个中转库。

四、销售现状

2024年，兵团红枣总产量约200万吨，主要销往国内市场及东南亚、中东等地区。销售渠道主要有电商平台、线下合作和商超直供。第十四师224团通过抖音、快手等直播销售额达2.8亿元（红枣占比70%以上）。第三师图木舒克市通过"保险+期货+订单"模式与永旺超市、中石化易捷、天福集团等签订订单，覆盖40余家疆内外企业。阿拉尔市红枣入驻北京新发地、西安盒马等大型商超，年销售额超1.42亿元。阿拉尔市出口干枣5000吨（货值1100万元），第三师图木舒克市出口1255公斤至巴基斯坦，库尔勒海关监管出口49.4吨至澳大利亚等市场。

五、从业人员

新疆生产建设兵团三产从业人员没有总体统计数字，仅部分师团有统计。兵团第十四师红枣产业一产、二产、三产从业人员共计4.6万人。其中，红枣一产：从业人员1.9万人左右，平均年龄45岁，田间生产经验丰富，大都是"田秀才""土专家"，缺少年轻的专业技术人员从事红枣栽培生产工作。红枣二产：昆玉市有10家红枣加工企业，从业人员2000人左右，平均年龄40岁。加工企业大部分都是粗加工，深加工不足，产业链短，缺乏专业的技术人员及深加工设备。红枣三产：从事红枣传统销售模式和网络销售的有2.5万人左右，平均年龄30岁。网络销售人员技术水平参差不齐，但从事意愿强，学习积极性高，踊跃报名参加电商培训。

从各团场分布情况来看，第十四师47团2024年从事红枣一产、二产、三产的人员共计3100人，平均年龄50岁，男60%，女40%，初中文化10%，高中文化80%，大专以上10%。224团2022年红枣种植面积12.87万亩，红枣产量15.72万吨，枣农6207户，14609人；2023年红枣种植面积12.87万亩，红枣产量18.45万吨，枣农6606户，14913人；2024年红枣种植面积12.91万亩，红枣产量18.82万吨，枣农6696户，15197人。从文化程度看，本科2.8%，高中5.0%，初中29.1%，小学8.4%。

六、红枣产业对当地经济发展的贡献

兵团红枣种植面积大、产量高，是很多师团的支柱产业。红枣产业对促进兵团经济发展与职工增收、解决就业与人才留用、增加社会就业岗位、促进各兵团建设和生态改善具有重要意义。

2022年，第十四师红枣种植面积23.97万亩，鲜枣产量29.94万吨，红枣产值25.86亿元，占水果产值的96.3%，占农林牧渔业总产值的70.0%；2023年红枣种植面积23.77万亩，总产量29.29万吨，产值25.19亿元；2024年共有10家红枣企业，收购量2.3万吨，产值2.1亿元。第十四师47团2024年红枣产值3.6亿元，拥有昆和红种植养殖专业合作社，其产值2000万元。224团2022年产值15.72亿元，2023年产值17.53亿元，2024年产值11.67亿元。

第一师2023年红枣种植面积47.04万亩，鲜枣产量93.44万吨；2024年种植面积同2023年，产量90.45万吨。现有加工企业53家，加工产能19.09万吨，产值18.97亿元。第二师2022年红枣种植面积13.09万亩，干枣产量4.64万吨；2023年面积13.0万亩，干枣产量4.87万吨；2024年面积13.01万亩，干枣产量5.50万吨。第三师2023年红枣种植面积33.57万亩，干枣产量21.77万吨；2024年面积同2023年，产量23.15万吨，较上年增长6.35%，单产690公斤/亩，较上年增产41公斤。现有12家红枣加工企业，42条生产线，加工产能24.9万吨。

七、存在的主要问题

新疆生产建设兵团红枣产业面临自然条件制约、生产管理粗放、产业链附加值低与政策支撑不足等多重挑战：极端气候频发（高温、暖冬、强降雨）导致产量波动与品质下降，品种单一化（骏枣、灰枣占比85%~90%）加剧市场风险；栽培管理技术滞后（直播建园密度过高、水肥投入不合理）导致商品率不足70%，病虫害防控体系薄弱（枣实蝇、黑斑病等新发虫害频发）与机械化采收困难（矮密栽培模式限制）进一步制约效率；加工环节以初加工为主（初级产品占比超67%），精深加工滞后导致附加值流失，品牌建设滞后（"密作"影响力弱）与认证体系缺失（有机认证率低）削弱市场竞争力；政策资金分散、技术管理人才短缺（"半路出家"现象普遍）与标准化体系不健全（收购标准混乱）加剧"重栽轻管"问题，亟须通过品种优化、技术升级与全产业链整合实现提质增效。

第四章

南疆红枣产业发展
重点企业和协会

第一节　好想你健康食品股份有限公司

一、公司简介

好想你健康食品股份有限公司始创于1992年，坐落于"世界红枣之源"——中国新郑。好想你是中国红枣行业的龙头企业、中国红枣行业唯一一家上市公司。好想你专注于"红枣+健康锁鲜食品"的研发、生产、销售，拥有专卖、电商、商超、便利店、零食、出口等全渠道销售网络。好想你是全球最具情感的品牌，好想你枣是全球最具有价值的红枣。好想你是农业产业化国家级重点龙头企业，也是国家一二三产融合发展的标杆企业，更是中国红枣国家标准《免洗红枣》《灰枣》《骏枣》，以及行业标准《枣粉》的制定者。好想你先后获得了"新郑市市长质量奖""郑州市市长质量奖""河南省省长质量奖"等多项殊荣，好想你塑造了中国农产品品牌标杆，引领了中国红枣产业持续、健康、稳定发展。

自20世纪90年代开始，好想你便开启了产业援疆之路。好想你从706个红枣品种中选择最优质的品种——新郑灰枣，带着"百年古枣树基因"的枣苗，跨山越河，在光照时间长、昼夜温差大、碱性沙质土壤、雪山融化灌溉的南疆扎根、成长，又有好想你长期在南疆地区驻派经验丰富的红枣种植专家帮扶，结出的红枣品质比河南产的更好。

经过近30年的持续种植，若羌、阿克苏等南疆地区已是枣林密布。一到深秋，戈壁滩上满是红彤彤的成熟吊干的红枣，红枣种植面积约600万亩，辐射人口600余万人，产业化种植让新疆枣农鼓起了钱袋子。以若羌县为例，近三年来，枣农依靠红枣种植人均收入超过30000元，成为全疆最富裕的新型农民，实现了枣农的脱贫致富。至今，好想你累计在新疆多地采购红枣金额超过60亿元，红枣让沙漠变成了绿洲，红枣也成了金枣，枣树成了摇钱树、致富树、和谐树。

此外，为了对口支援新疆阿克苏，好想你在阿克苏成立全资子公司新疆乐优食品有限公司，注册资本1.05亿元，生产车间4座，年加工能力达5000吨。同样，好想你在哈密也成立控股子公司新疆唱歌的果食品股份有限公司，并投资新建了6条果蔬生产线，采用行业先进FD冻干技术，对哈密优质哈密瓜、葡萄、红枣等进行精深加工，年处理和深加工各类鲜果蔬达到8000余吨。唱歌的果还以直播带货等新型销售模式，将新疆的优质农产品推向全国，让更多人品尝到来自大西北的甜蜜与美味。好想你在新疆构建了一条完整的红枣产业链，为当地经济发展注入了强劲动力，不仅加快了阿克苏、哈密等地农业产业化进程，有效带动当地特色农业资源的转化增值，带动周边农户在家门口实现就业增收，公司也先后获得"全国'万企帮万村'精准扶贫行动先进民营企业"等多项荣誉称号。

2024年1月，好想你再次得到被誉为"食品界的奥斯卡"——ITI国际美味奖的认可，成功斩获4项2024年度国际ITI美味大奖。其中，好想你黄帝御枣、红枣芝麻丸荣获二星奖项，红小派、贡枣荣获一星奖项。

2024年1月，好想你董事长石聚彬在乡村振兴品牌节年度荣耀盛典中荣获"年度先锋人物"称号。

2024年3月，福布斯中国携手普华永道、沙利文、中国大消费CXO创新中心等知名机构举办了2024年中国大消费年度盛典，并发布"2024福布斯中国大消费年度评选"结果，好想你荣登"2024大消费年度价值企业"榜单。

2024年5月，备受瞩目的第六届iSEE全球美味奖星级评定结果正式出炉。好想你凭借卓越的品质和品牌创新力，取得了多项重量级奖项！其中，好想你红小派获得了全球食品创新奖银奖和全球美味奖二星，好想你报喜一级灰枣获全球美味奖三星，好想你小冻粮——冻干酸奶块获全球美味奖二星并荣登iSEE创新品牌百强榜。

二、经营模式

食品工业是连接工业与农业、城市与农村的产业，连接农业资源市场化与居民膳食需求。食品工业企业，特别是龙头企业的原料80%来自"三农"，是带动乡村产业兴旺的关键载体。好想你作为以红枣为主要原料的现代健康食品工业企业，为消费者提供高价值、高品质健康食品，创新引领新时代健康食养潮流，实现好想你高质量发展。

多年来，好想你坚持在创新中求生存，在创新中谋发展。迄今为止，好想你以红枣专家的定位，专注极品、精品、满分品，已经建立了一套完善的健康食品开发机制，通过对"红枣+"的深入挖掘，将一颗颗小红枣实现七十二变，从而不断探索出枣类产品的增长空间。

近几年，受消费者需求转变、技术发展、市场竞争加剧等因素影响，食品行业发展呈现新态势。新消费理念对健康食品关注度更高，消费者更加倾向选择配料表简单、无添加且有养生功效的食品。此外，渠道多元化趋势明显，线上跨境电商、线上零售以及线下零食渠道发展迅速，传统渠道与新兴渠道加快融合，这些都是传统企业需要特别关注的。

好想你作为深耕健康食品赛道行业龙头企业，见证了中国消费市场的繁荣与活力。从跟随周期到定义周期，从产品输出到标准制定，好想你选择在坚守与变革中开辟新道路，完成从"制造"到"智造"的范式跃迁。近年来，基于行业变化，好想你不断对产品创新和渠道发展做出相应调整，让产品更有品质、更有价值、更贴近消费者。

三、产品特色

2024年，好想你加速战略焕新，以双业务曲线夯实行业引领地位。第一曲线以高端红枣业务为主，深耕专卖门店网络，升级消费体验，同时聚焦节庆、商务等五大高端礼赠场景，以差异化礼盒巩固品牌价值基本盘；第二曲线以大单品业务为主，发力全国商超、便利、零食等渠道，依托红小派、红枣芝麻丸、去核枣、枣夹核桃等爆品矩阵，打造便捷化、健康化的日常零食标杆，开辟家庭消费新增量。公司目前已经进驻山姆会员店、永辉超市、胖东来、鸣鸣很忙等众多高影响力渠道，依托其强大的全国辐射力与高品质海量消费客群，不断提升品牌曝光率与产品铺货率，持续引领线下渠道增长，不断提升市场份额。

四、销售情况

公司生产枣粉、枣酪、枣精、枣饮料、枣片等品种12大类80多个单品，2024年销售额达16.7亿元，其中最具典型的代表便是公司近两年重点打造的大单品红小派。根据北京马上赢信息科技有限公司线下零售监测网络数据显示，红小派荣获全国枣仁派类目销售额NO.1（2023年8月至2024年7月按品牌销售额统计）。红小派上市至今销量已近5亿元，成为公司名副其实的大单品，拉动了公司第二曲线的增长。

五、技术创新

公司先后与中国农业大学、河南工业大学、河南省食品研究所等联合成立了红枣蜂产品、生物功能红枣、红枣机械、功能饮料等产学研基地6个。多年来坚持进行产学研联合攻关，在免洗枣加工、传统枣产品高新技术集成加工、残次枣利用、枣加工成套装备技术等方面，突破了一系列行业发展的技术瓶颈，形成了一批具有自主知识产权的核心技术，满足日益增长变化的消费需求。

六、品牌定位

好想你秉承"健康、时尚、快乐、品质"的品牌定位，主攻高端健康食品，致力于做大做强健康食品产业。好想你也致力于传播红枣文化、健康文化，自建可参观的工业园区、中华枣文化博物馆、拥有近万尊枣木雕佛像的感恩堂、红枣科技示范园、红枣博览园等，开展集现代工业科技、田园风光、人文景观于一体的观光旅游项目。2024年6月，红小派更是代表中国品牌走出国门，走向欧洲，逐梦巴黎，红小派设计师联名款在法国惊艳亮相"中法品牌合作成果展"，在巴黎与中国健儿一起为国争光。

2024年9月，网红担当红小派中秋佳节亮相纽约市长官邸！

2024年12月，备受瞩目的全球驻华外交官迎新晚会在北京隆重举行，好想你以其卓越的品质与文化内涵，惊艳亮相，成为晚宴上一道亮丽的风景线。

2024年，公司全年新增海外11个国家和地区的市场，新增客户数量39个，销售额同比增长50%，彰显出公司产品强劲的国际市场竞争力。

七、发展方向

面对市场碎片化挑战，好想你持续聚焦红枣核心赛道，以"产品+文化"双维创新深挖品类潜力——从门店场景化运营到商超大单品铺货，筑牢红枣专家壁垒。同步推进"直播开路、线上引领、线下扎根、网点建设"的全渠道战略，实现流量与场景的精准渗透。好想你借势双曲线协同效应，在坚守传统优势与开拓新局之间找到最优解。

第二节　新疆沙漠枣业有限公司

一、公司简介

新疆沙漠枣业有限公司创立于2008年，坐落于和田地区策勒县策勒乡阿日希村，注册资本1600万元人民币，主营红枣种植、加工与销售业务。公司现有管理人员15人（含高级经济师1人、高级农艺师1人），员工规模达220人，构建起集科研、生产、销售于一体的全产业链体系。

深耕沙区17载，公司在荒漠化治理中开辟3200亩绿洲，建成标准化红枣种植基地3000余亩，栽植枣树80万株，培育鲜果苗木15万余株，配套建设防风林带10806米、围墙8899米，所有资产均完成不动产确权。基地配备标准化条田、道路网络、滴灌系统及智慧监控设施，建成7万平方米水泥地坪、20座小型冷库及万吨级加工厂，年加工能力达1.5万吨。2000余亩核心枣园进入盛果期，被列为国家级特色林果种植示范基地。企业发展带动当地就业超25万人次，累计支付劳务费用3500余万元，助力阿日希村702户（含贫困户187户）、2592人（贫困人口749人）全部脱贫，村人均纯收入从2009年的2173元跃升至2022年的15124

元，超出县域均值1969元，成为和田地区乡村振兴示范标杆。

公司建成集科研、培训、推广功能于一体的科技小院，配备完善的教学设施与交通工具，累计开展红枣栽培技术培训7500人次，培养林果技术骨干230余人次。通过"公司+基地+合作社+农户+科技"模式，成立策勒县智慧果业农民专业合作社，吸纳100户社员（含83户建档立卡脱贫户），创新"零出资入社+优先就业+全程服务"机制，为社员提供免费技术培训、优惠加工服务及销售平台支持。

企业荣誉体系涵盖国家级、省部级多项殊荣。2016年获南疆红枣产业论坛银奖，2020年斩获新疆好物节金奖及农业农村部地理标志认证；先后荣膺"自治区农业产业化重点龙头企业""全国脱贫攻坚先进集体"等称号。董事长李鹏作为企业领军人物，先后获得全国脱贫攻坚奉献奖、全国民族团结进步模范个人等国家级荣誉。

站在乡村振兴新起点，公司正以中国老科协科技示范基地为依托，着力建设集科技创新、成果转化、科普教育、技术服务于一体的综合服务平台，持续巩固脱贫攻坚成果，推动策勒县特色林果产业向价值链高端攀升，为边疆地区共同富裕注入持久动能。

二、经营模式

新疆沙漠枣业有限公司构建集红枣种植、收购、加工、销售、仓储物流及电子商务于一体的全产业链体系，采用"公司+基地+合作社+科技+农户"五位一体运营模式。企业深度对接科研院所，着力开发农副产品精深加工技术，延伸产业链条，有效带动区域林果业发展，实现脱贫攻坚与乡村振兴有效衔接，持续探索农民增收路径。

企业自主经营的2000余亩枣园均完成不动产确权，80万株枣树全部进入盛果期，成功实现沙漠变绿洲。建成2300亩自治区级林果业标准化种植示范基地（辐射带动策勒县14.6万亩红枣种植户），配套建设万吨级加工厂（车间面积1万平方米，配备3条自动化清洗烘干线，年加工能力1万吨）、1000吨冷链仓储中心及7万平方米原料暂存区。

2021年于陕西咸阳旬邑县设立生产分公司，占地面积1.4万平方米，包含2000平方米生产车间（含20个人工分拣工位）、2000平方米物流成品区及2000平方米仓储中心，绿化面积达6000平方米。生产车间配置两条自动化流水线，日产能达红枣类8万袋、坚果类2000盒，严格执行十万级食品卫生标准及4S生产管理体系，确保产品品质达标。

物流中心配备成品库、线上发货区及线下备货区，成品库存储500余种产品，线上日发货量峰值1万单（混单8000单），线下日发货量1万件。合作"三通一达"等快递企业保障时效，联动德邦物流缩短供应链周期，形成高效物流网络。

天津销售分公司成立于2021年8月，注册资金2000万元，建筑面积700平方米，设产品展示区与电商运营区。已入驻国家832采购平台等国家级渠道，开设淘宝、京东等主流电商平台店铺，构建线上线下一体化销售矩阵。未来三年计划扩建电商团队，拓展全国市场，通过直销实体店与电商平台双轨并行，加速新疆特色产品全国布局。

企业坚持"治沙—产业—就业—增收"发展路径，累计提供本地务工岗位37万人次，支付劳务费用超4000万元，开展林果技术培训1.2万人次，培养技术骨干300余人。带动阿日希村人均收入从2009年2173元增长至2024年20721元，实现9.54倍跨越式增长，成为乡村振兴示范标杆。

三、产品特色

新疆沙漠枣业有限公司构建集生产、科研、示范、培训、推广于一体的全产业链布局，深化产学研合作，联合高校及科研机构开发农副产品精深加工技术。2018年，在新疆中泰集团支持下，建成年加工能力6000吨的红枣加工厂，创新"代加工+代储存+代销售"模式，助力策勒县枣农实现产品附加值提升。

公司注册有"沙漠种枣人""阿日希""策果田园""昆仑传奇""昆仑天马""昆仑山果姥""努尔雪红"等7个品牌，50多种包装产品。先后推出初加工高品质原枣、烘干枣片系列产品，以及准备推广冻干枣片、高品质枣粉、早餐营养粉、枣酒等精深加工产品，带动形成区域特色枣产业群。

2020年，公司"坚果脆"获得新疆第二届好物节金奖；公司产品荣获2016年新疆红枣产业发展主题论坛"参展银奖"；2019年，公司"沙漠玉枣"获得第二届中国新疆特色林果产品博览会金奖；2020年，公司"坚果脆"获得新疆第二届好物节金奖；2023年，公司"策勒红枣"获得新疆农产品交易会（长沙）最受欢迎产品奖；2024年，公司荣获2023年度"特别贡献奖"，入选2023年"品味新疆"好产品，2024年，通过"新疆品质"区域公共品牌认证（特级骏枣、和田大枣、特级灰枣）。董事长李鹏获2019年全国脱贫攻坚奖奉献奖、全国民族团结进步模范个人称号，2020年中国老科协奖、2020年"中国农村新闻人物"、"典赞·2021年科普中国"活动中获得"年度科普人物提名"、2022年中国老科学技术工作者协会突出贡献奖、2021年"新疆维吾尔自治区道德模范"、2021年"新疆维吾尔自治区优秀共产党员"、2022年自治区"最美退役军人"、2024年度"三农"人物、2025年绿色方舟国际联盟项目计划"治沙卫士"等荣誉。

四、销售情况

新疆沙漠枣业有限公司主要通过政采系统采购、长期战略合作单位采购、中大型企业集采招标、代加工合作、各大单位内采平台、网店平台直销等渠道，面向内地所有客户。在天津设有700多平方米电子商务运行平台和直销实体店，在陕西旬邑建有14000平方米的加工厂、前置仓、物流中转站。2024年产值800万元，年销售收入1250万元，带动就业人数220人，年人均工资18409元；2025年预计年产红枣600吨，产值预计达900万元，2025年公司重点发展特色林果培育种植及产品市场拓展工作。

五、技术创新

新疆沙漠枣业有限公司始终将科技创新作为核心发展引擎，构建了"产学研用"四位一体的创新生态圈。与中国科学院新疆分院、新疆农业大学等科研院校合作，推动公司科技创新发展。

六、品牌定位

新疆沙漠枣业有限公司实施精准战略定位：聚焦政府机关、央企及国企集采市场，以"沙漠种枣人"单一品牌为核心，构建"红枣+新疆特色干果/坚果/水果"产品矩阵，围绕快消食品定位重构产品形态，打造适配团体采购需求的便捷化、标准化产品体系，形成"品牌聚焦、品类延伸、形态适配"三位一体的差异化竞争策略。

七、发展方向

企业以全产业链升级为核心战略，通过完善基础设施、优化林果种植结构、提升加工产能，突破冻干锁鲜、活性成分提取等精深加工技术，开发即食枣片、冻干枣粉等高附加值产品，构建种植—加工—品牌一体化链条；同步推出便携小包装、养生功能型产品（如红枣酵素）及新疆特色干果系列，精准覆盖健康消费市场。通过设立新零售事业部、开展异业联盟合作（如茶饮品牌联名）、对接服务行业头部企业联营，构建"数据驱动+轻资产"渠道网络，打造边疆特色农产品标准化、品牌化标杆。

第三节　喀什疆果果农业科技有限公司

一、公司简介

喀什疆果果农业科技有限公司（简称疆果果）成立于2015年11月，注册资金5353万元，是新疆维吾尔自治区农业产业化重点龙头企业、国家高新技术企业。疆果果总部位于丝路明珠新疆喀什疏附县。秉持"帮助新疆果农，造福新疆社会"的企业使命，致力于通过科技研发提升新疆林果产品附加值，帮助新疆果农将"质优味美"的新疆瓜果销售出去，目前产品已覆盖原果、休闲食品、健康饮品、时令鲜果、精装礼盒等五大产品系列，并积极布局三产，努力打造一二三产融合发展的综合性企业。

二、经营模式

疆果果通过"企业+合作社+种植基地"联营模式实现跨越式发展，构建起覆盖全国的物流与服务网络：依托喀什、西安、广州、深圳、上海五大仓储中心及喀什、北京、上海等十二大城市服务网点，形成全国战略布局；同步进驻淘宝、京东、抖音等600余家第三方电商平台（含中国电信天虎商城、国家电网慧农帮等垂直渠道），构建起"线下枢纽+线上矩阵"全渠道销售体系，实现从田间到餐桌的供应链高效协同。

三、产品特色

疆果果以"助农兴疆"为核心使命，构建覆盖全产业链的林果产业生态。聚焦原果、休闲食品、健康饮品、时令鲜果、精装礼盒五大产品矩阵，依托科技研发提升产品附加值，创新"种植—加工—销售"一体化模式，同步布局"三产"融合（农业种植、生产加工、文旅体验），通过线上平台及线下服务网点，打造从田间到餐桌的"质优价美"新疆特色农产品供应链体系，实现助农增收与产业可持续发展双轮驱动。

四、销售情况

疆果果九年来坚守"助农兴疆"使命，构建全产业链助农体系：累计改良果树4500亩并实现兜底包销，收购本地农特产品15万吨，带动5万户农民增收；开展技术培训超8万人次，签约76家合作社，创造3500个就近就业岗位，146户农民通过入股分红获益160万元；累计公益捐赠超1100万元。企业同步实现跨越式发展，销售额从2020年1.05亿元增至2024年4亿元，年均增速达32%，形成"全产业链赋能+三产融合"的助农兴疆标杆模式。

五、技术创新

1. 研发平台建设

设立自治区级企业技术中心——疆果果健康食品研究院，获政府专项科研支持，聚焦坚果零食领域技术突破。

2. 顶尖人才矩阵

由江南大学博士后闵江领衔，组建拥有16项食品发明专利的专家团队，其"天池英才"领军人才计划推动产品创新迭代。

3. 持续加大研发投入

疆果果每年研发投入不低于营收6%，为疆果果健康食品研究院提供研发经费。2023年，疆果果研发费用达2100万元，同比增长31%，研发投入位居新疆坚果零食行业首位。

4. 智造升级体系

构建三级筛选体系（2轮人工+3轮智能分选），引入X线检测与微生物快速筛查技术，结合10万级洁净车间与HACCP/ISO 22000双认证，实现原料筛选合格率≥90%、产品出厂合格率100%。

5. 产教融合生态

与高校共建食品科技实训基地，年培养专业技术人才超200人次，形成"研发—中试—量产"全链条创新能力。

六、品牌定位

疆果果致力于成为新疆瓜果代表性品牌。在品牌打造方面，疆果果连续两年入选央视展播品牌。疆果果的诞生，源自深刻的社会责任感和对新疆丰富自然资源的深度挖掘。从2015年起，公司以一颗颗饱满的坚果为媒介，讲述新疆故事，分享新疆味道。疆果果品牌的创建不仅是商业的追求，更是对提升当地农业发展、改善农民生活质量的承诺。因此，疆果果坚定地选择"新疆大坚果专家"这一定位，正源自疆果果对于行业及市场的深刻洞察。

提及"新疆"和"优质坚果"，消费者通常会自然联想到"大"尺寸的特征。这是由新疆独特的地理和气候条件塑造的，这些条件使得新疆坚果的尺寸普遍大于其他地区。因此，"新疆大坚果"的品牌定位顺应并强化了消费者的这一预期和认知。"新疆大坚果"的定位不仅突出了产品的地域特色，还蕴含了其卓越的品质。新疆作为坚果生产的重要区域，其产品因受益于得天独厚的自然条件而获得了高品质的声誉。疆果果则更进一步，"优中选优"使新疆坚果本就颇为不俗的品质得到进一步提升。

在竞争激烈的坚果市场中，"新疆大坚果"的定位有助于疆果果在众多品牌中脱颖而出。这一定位清晰、易于记忆，有助于塑造疆果果作为高品质坚果品牌的形象。随着消费者对健康零食的需求日益增长，特别是对天然、有机和营养丰富产品的青睐，"新疆大坚果"的市场前景广阔。它不仅满足了消费者对于健康零食的需求，还与消费者对于优质生活方式的追求相契合。疆果果在原料筛选标准上一直以来都是优中选优，坚持选用又大又好的原料。疆果果有足够的资本，建立大果径，统一坚果及细分品类高品质标准。

七、发展方向

疆果果将持续深化"新疆瓜果"产业优势，以科研创新为核心，推动产品健康化、美味化升级，践行"助农兴疆"使命，全力实现"三个一百"战略目标——打造百亿级产业集群、帮扶超百万农户增收、锻造百年可持续发展企业。

第四节　喀什西圣果业有限公司

一、公司简介

喀什西圣果业有限责任公司（简称西圣果业）成立于2006年1月，注册资金1000万元。公司总部坐落在被誉为"丝路明珠"的新疆喀什疏附县，这里不仅是古丝绸之路的重要节点，更是新疆林果资源的宝库。西圣果业是一家集红枣苗木繁育、建园种植，红枣、杏子、西梅、核桃等干果研发收购、加工、销售于一体的综合性公司，是新疆维吾尔自治区农业产业化重点龙头企业、国家高新技术企业、专精特新中小企业。西圣果业自成立以来，便秉持着"帮助新疆果农，造福新疆社会"的坚定使命，致力于通过科技研发提升新疆林果产品的附加值，让质优味美的新疆瓜果走出新疆，走向全国乃至世界。西圣果业有种植基地和生产加工基地，建设有干果、蜜饯、果酒、果糕等生产线和包装线。西圣果业占地面积88887.1平方米，年生产能力20000吨，有进出口资质。

西圣果业于2011年被评为"自治区级农业产业化重点龙头企业""自治区级扶贫龙头企业"；2022年11月，被认定为"高新技术企业"；2023年，被认定为创新型中小企业、科技型中小企业、"专精特新"中小企业。

西圣果业以科技赋能林果，一直以来始终坚持不忘初心，深耕新疆大地，以科技为引领，推动林果产业升级。西圣果业累计帮助农户进行果树改良升级14500亩，实行优先收购，累计帮扶收购本地农特产品15万吨，帮助5万户农民实现增收。这些数字背后，是西圣果业对科技研发的持续投入和对果农的深切关怀。通过"企业+合作社+种植基地"的运营模式，实现了产业链上下游的紧密合作，共同推动新疆林果产业的持续健康发展。

二、经营模式

西圣果业构建"四位一体"全渠道销售网络，四维渠道协同形成"线下商超+政企团购+分销网络+电商直播"的立体化销售体系。

1. 超市卖场零售

通过独立包装休闲食品切入大卖场及连锁商超渠道，已进驻广百股份、友谊集团等4家大型连锁终端商超。

2. 消费帮扶团购

联动广州、深圳消费帮扶平台及全国832平台，深度对接工会福利采购，形成"平台推荐+定向团购"模式。

3. 批发代理渠道

在北上广深等一线城市发展22家稳定代理商，覆盖华北、华东、华南等核心消费市场。

4. 电商直播销售

与近30家第三方电商平台合作，采用"一件代发"模式，通过抖音、快手等直播渠道实现线上增量。

三、产品特色

西圣果业秉承"走进西圣，健康永伴"的核心理念，深耕健康农产品领域，通过"科研赋能+全产业链布局"打造优质产品。与10余所科研院所合作研发干坚果科学配方与加工工艺，2021年凭《新疆特色瓜果贮运加工关键技术创制与集成应用》获自治区科技进步奖一等奖；其专利产品紫晶枣（采用全红脆枣低温锁鲜工艺）出口马来西亚、哈萨克斯坦等8个国家，近两年推出的鲜杏脯、鲜梅脯等新品因高性价比与细腻口感迅速打开市场，形成"营养保留+口感升级+出口认证"的差异化竞争力。

四、销售情况

西圣果业在广州、北京、上海等地设立了仓储中心，并在全国21个大中城市设立了服务网点。同时，西圣果业积极拥抱互联网，在淘宝、京东、抖音、中国建行、广州善待家农业科技有限公司、广州壹山傍水农业科技、广州绿野鲜品供应链、天津腾辉、上海静扶、上海闽龙、广州百货、友谊集团、中国平安等200余家第三方平台开设商城，（网）店分布在广州、深圳等20多个大中城市，构建起线上线下相结合的销售网络。这一布局不仅拓宽了新疆林果产品的销售渠道，更让新疆的优质产品得以迅速走向全国市场。十几年来，西圣果业以广州为中心的华南区销售农产品5万余吨，销售收入10亿元以上。在广州有稳定的代理商22户。

五、技术创新

1. 产学研协同创新体系构建

西圣果业与10余所科研院所（中国农科院、新疆农科院等）建立深度合作，形成"科研项目攻关+人才培养+成果转化"三位一体模式。主导完成"新疆特色瓜果贮运加工关键技术创制与集成应用"等10余项省级重点科研项目，获自治区科技进步奖一等奖，累计授权专利12项（发明专利1项）、软件著作权6项，构建覆盖干坚果加工全链条的自主知识产权体系，强化企业技术主体地位。

2. 智能化设备升级与产能提升

西圣果业年均投入科研经费150万元，累计设备更新投资超600万元，建成标准化实验室及智能化生产线。通过引入自动化分选、低温锁鲜等先进设备，实现加工效率提升30%、产品损耗降低25%，支撑紫晶枣等专利产品年产能突破5000吨，满足高端市场需求。

3. 科技成果转化和产品迭代机制

建立"实验室研发—中试验证—市场反馈"闭环体系，将科研成果快速转化为产品竞争力。西圣果业通过与科研院所合作，建立了公司专门的实验室，共同研究干坚果的科学配方和加工工艺，生产出升级换代专利产品紫晶枣，该产品不仅做到了原有的营养成分不流失，还做到了口感香醇、原汁原味。

六、品牌定位

在品牌塑造方面，西圣果业同样不遗余力。西圣果业获批15项专利，并且获得新疆维吾尔自治区人民政府科技进步奖一等奖，这不仅是西圣果业品牌实力的体现，更是对西圣果业产品品质的认可。通过品牌塑造和宣传推广，西圣果业不仅提升了产品的知名度和美誉度，更吸引了更多消费者的关注和青睐。

西圣果业自有"西圣"品牌,"西圣"取自"西域圣果",简称"西圣",西圣果业现有红枣、核桃、杏子(西梅)、葡萄干、豇豆等近70个单品。

西圣果业一直注重"西圣"品牌建设,并已取得显著成效。"西圣"牌商标于2013年被评为"新疆著名商标","西圣"牌产品被评为"新疆农业名牌产品",多次荣获北京、上海、广州、深圳中国国际农产品交易会参展产品金奖,"西圣"品牌被评为"最具投资价值品牌",2021年荣获"中国农产品百强标志性品牌"等。

七、发展方向

西圣果业以"品质至上,服务至优"为核心战略,通过构建"产学研用"创新体系(联合科研院所培养人才、打造专家型研发中心)、强化无形资产价值(专利/品牌/技术转化)及开拓海内外市场。计划3年内实现年产值超2亿元,争创国家级农业产业化龙头企业与"小巨人"企业,以科技创新驱动新疆乡村振兴与产业升级。

第五节　新疆羌都枣业股份有限公司

一、公司简介

新疆羌都枣业股份有限公司(简称羌都枣业)坐落于中国优质红枣核心产区——新疆若羌县,成立于2009年,注册资本1.4亿元,总资产2.7亿元,是集红枣种植、加工、仓储、科研及进出口贸易于一体的股份制企业,旗下拥有15个注册商标及2项发明专利,先后获评"国家林业重点龙头企业""自治区农业产业化重点龙头企业"等称号,并拥有"羌都"新疆著名商标,被郑州商品交易所指定为红枣期货交割仓库。羌都枣业在若羌县瓦石峡镇塔什萨依村建成3万亩种植基地(含流转土地4800亩),配套防风林6200余亩,建成20万吨有机肥加工厂及年加工能力2万吨的红枣加工厂。2025年数据显示,其单日加工量达80吨以上,产品通过有机双认证及ISO 9001质量管理体系和ISO 22000食品安全管理体系认证,并覆盖大润发、盒马、京东七鲜等全国销售渠道。依托昆仑山脉雪水灌溉与塔克拉玛干沙漠昼夜温差优势,公司创新"种植—养殖"生态产业链,施用农家肥培育出皮薄核小、肉嫩味香的羌都红枣。企业累计获评国家级荣誉12项(含"中国森林食品示范品牌""中国农产品百强标志性品牌"等)、省部级奖项37项(如"新疆特色林果产品优秀产品二等奖""红枣行业十大品牌"等)。2024年,凭借原料收购能力与带农效应荣膺"若羌红枣优秀收购加工企业"称号,形成"地理标志+专利技术+产业扶贫"三位一体的特色发展模式。

二、经营模式

羌都枣业采用"龙头企业引领+合作社带动"的协同机制,创新"龙头企业+基地+合作社+农户"帮扶模式,深度融入自治区"1+3+3+改革开放"战略布局,将带动当地农民增收作为核心战略。

三、产品特色

羌都枣业产品体系以"市场分层+场景细分"为核心策略,构建了"羌都红枣""羌都参枣"和"枣树十年"三大差异化系列产品。

(1)"羌都红枣"系列定位大众消费市场,主推一级至三级红枣(500g~2.5kg袋装/盒装),以高性价比提供正宗若羌红枣,支持定制化服务。

(2)"羌都参枣"系列瞄准高端礼品市场,推出特级至一级礼盒装(480g~1kg),采用精致包装设计,适配商务馈赠与高端会所场景,市场竞争力显著。

(3)"枣树十年"系列聚焦休闲零食赛道,创新开发枣片、枣圈等即食产品(5~200g独立小包装),主打便携性与健康属性,满足聚会、伴手礼等多元场景需求,形成覆盖中高端市场与全消费场景的产品生态。

四、销售情况

羌都枣业2024年销售额达5700万元。主要销售渠道为通过大中型企业集采招投标、供应全国性连锁超市、代加工合作、网店平台直销等渠道,销往北京、湖南、湖北、广东、山东、广西、江苏、上海等城市。在江苏省常州市、苏州市设置2个面积2000平方米的前置仓。

五、技术创新

羌都枣业2024年深化"产学研用"协同创新,与新疆科技学院共建"羌都杯"直播带货大赛及高校实践基地,通过赛事营销提升品牌声量并培育学生实战能力;同步联合新疆农业大学攻克红枣多糖提取技术瓶颈,成功开发红枣粉、红枣膳食纤维食品,实现科技赋能产品升级与市场溢价双突破。

六、品牌定位

羌都枣业以"生态友好+社会责任"双轮驱动为核心品牌定位,通过有机食品生产、农牧循环体系构建及"若羌红枣"商标跨区域授权,打造中国红枣产业可持续发展的标杆品牌,推动生态价值与市场价值协同提升。

2024年,羌都枣业携"羌都参枣""一口脆枣片"等产品亮相在郑州举办的新疆·若羌、且末红枣产业大会暨2024产销对接会。通过现场推介和渠道合作,与河南、山东等地经销商达成意向订单超2000万元,进一步扩大华北市场覆盖。

七、发展方向

公司将以"产能扩张+品牌升级+产学研转化"为核心战略,通过红枣期货交割库构建联农带农金融工具,推动科研成果产业化与产业技术升级,实现农民避险增收与农业可持续发展双目标。

第六节　新疆且末小宛有机农产品有限责任公司

一、公司简介

新疆且末小宛有机农产品有限责任公司（简称小宛公司）成立于2017年3月，坐落于新疆巴音郭楞蒙古自治州且末县河西工业开发区，占地面积200余亩，注册资金1000万元。作为且末县政府直属国资控股企业（县国资委持股75%、县供销合作社联合社持股25%），小宛公司是巴州州级重点龙头企业，2019年获评"新疆维吾尔自治区扶贫龙头企业"，2023年通过国家高新技术企业认定，目前正在积极申报自治区级重点龙头企业。

小宛公司以农副产品全产业链开发为核心，业务涵盖红枣、核桃等特色农产品收购、加工、销售，农资供应，品牌营销，电子商务，仓储物流及畜牧养殖等领域。依托"天边小宛"注册商标，公司聚焦有机灰枣产业，建成从源头种植到精深加工的完整产业链，形成"种植标准化、加工智能化、品牌高端化"发展模式，推动且末有机红枣产业向价值链高端攀升。目前，"天边小宛"系列产品已成为新疆红枣区域公共品牌的标杆，市场覆盖国内一线城市及中亚、中东等海外渠道。

自成立以来，小宛公司深度践行"企业+基地+农户"联农带农机制，通过保底收购、订单农业等方式稳定红枣市场价格，破解"丰产不增收"的行业困局。2024年，带动且末县枣农超2000户，户均年增收3.2万元，累计创造就业岗位800余个。小宛公司先后荣获"全国'万企兴万村'行动先进企业""新疆农业产业化重点龙头企业"等称号。

作为国家级高新技术企业，小宛公司建成标准化无菌加工车间、万吨级气调仓储中心及智慧冷链物流体系，引进国际领先的红枣分选、烘干及深加工设备，实现产品分级精准化、品质标准化。2024年，建设一座面积约为2000平方米的5S洁净车间，总投资686万元，建成后将实现年产值600万元，带动30个就业岗位，届时将可承接各类农副产品OEM代工业务及深加工业务，助力公司实现第二次腾飞。同时，创新"种养循环"生态模式，将枣树枝、棉籽壳等农业废弃物转化为有机肥，年节约生产成本超200万元，获评"自治区循环经济示范企业"。通过有机认证基地建设与节水灌溉技术推广，小宛公司带动全县红枣种植生态化转型面积突破10万亩。

立足"健康中国"战略机遇，小宛公司将深化与科研院所合作，开发红枣酵素、功能性食品等高附加值产品，拓展跨境电商与新零售渠道，构建"有机种植—精深加工—品牌IP"一体化生态圈。小宛公司以"让世界品味丝路瑰宝"为愿景，持续巩固脱贫攻坚成果，力争"十四五"末实现产值翻番，打造中国西部有机农产品加工贸易枢纽，为共建"一带一路"绿色经济贡献企业力量。

二、经营模式

小宛公司以"全产业链整合+科技赋能+联农带农"为核心，构建"有机种植—精深加工—品牌营销—循环经济"一体化经营体系。作为国资控股企业，小宛公司依托且末县资源优势，通过标准化种植基地、智能化加工车间及全球化品牌营销，形成从田间到市场的闭环；创新"企业+合作社+农户"模式，以保底收购、订单农业带动2000余户枣农增收，长期吸纳脱贫人口就业；同步推进节水灌溉、废弃物循环利用等绿色技术，获评"国家高新技术企业"及"自治区循环经济示范企业"，并借力政策红利拓展跨境电商，目标打造中国西部有机产业枢纽，实现生态保护、乡村振兴与经济效益协同发展。

三、产品特色

小宛公司的产品以"有机认证、丝路品质、生态健康"为核心特色，主打"天边小宛"系列有机灰枣及深加工产品。其产品依托且末县独特的沙漠绿洲生态优势，严格遵循国际有机标准（中国有机认证、欧盟ECOCERT认证、HACCP体系认证与ISO 9001体系复审认证），在无污染水土环境中种植，采用节水滴灌、生物防治技术，确保原料天然无农残。产品以皮薄肉厚、甘甜醇香、营养富集为特点，尤其富含环磷酸腺苷（cAMP）等活性成分，被誉为"天然维生素丸"。通过无菌加工车间与智能分选设备，保留鲜枣天然风味与营养成分，并延伸开发枣片、枣粉、枣夹核桃等多元化产品，满足健康消费需求。同时，小宛公司以循环农业模式将枣枝、棉籽壳转化为有机肥反哺种植，形成"零废弃"生态链，获评"自治区循环经济示范企业"。品牌深度融合丝路文化底蕴，以"让世界品味丝路瑰宝"为理念，产品不仅畅销国内一线城市及电商平台，更通过跨境电商远销中亚、中东等国际市场，成为新疆有机红枣的标杆品牌。

四、销售情况

小宛公司2024年销售额约6551万元，核心产品"天边小宛"有机灰枣销售占比60%。深加工产品及出口业务增长显著，国内市场通过线上线下全渠道扩张覆盖全国50多个城市，国际市场加速布局中东及中亚，带动2500余户枣农，户均增收3.5万元。依托政策红利与品牌溢价，毛利率达45%，同时应对物流成本及认证壁垒，通过供应链优化与认证升级巩固竞争优势，成为丝路有机产业龙头标杆。

五、技术创新

1. 生态循环有机种植技术体系

创新"土地整合+林下养殖"立体化种植模式。通过5000亩自营认证基地规模化种植降低成本，结合林下养殖实现生态防虫，减少农药依赖，形成"种植—养殖—有机肥"循环体系，提升农田经济综合效益。

小宛公司联合新疆农业大学研发有机种植标准化技术，确保从源头把控有机品质，支撑万亩基地绿色生产。

2. 全产业链质量管控与深加工技术创新

构建"标准化实验室+产学研合作"研发体系。小宛公司与塔里木大学共建食品研发中心，引入ISO 9001质量管理体系，实现从原料采购到深加工的全流程精准管控，保障食品安全稳定性。

自主研发深加工生产线（含25项专利技术，如红枣切片机实用新型专利），开发枣片、枣粉等功能性产品，延伸产品矩阵，支持代工服务提升产值灵活性。

建设一座面积约为2000平方米5S洁净车间，总投资686万元，建成后将实现年产值600万元，带动30个就业岗位，届时将可承接各类农副产品OEM代工业务及深加工业务，助力公司实现第二次腾飞。

3. 智能仓储与物流网络创新

建立自动化数据管理立体库房。通过数字化仓储系统提升库存周转率与空间利用率，降低运营成本；布局华南、华中、华北区域云仓，构建"前端云仓+一件代发"物流网络，优化全国配送时效，降低物流费用30%以上，支撑电商与新零售渠道快速响应。

六、品牌定位

小宛公司以"中高端有机品牌+产地直供"为核心战略，通过整合巴州及全疆优质供应链打造"种植端资源直采、销售端渠道前移"的F2C模式，构建品牌连锁（直营/加盟）、经销代理双轨渠道网络，并依托"新疆品质"区域公共品牌认证（2024年12月5款产品入选）及巴州重点培育企业身份，形成"生产扎根新疆、品牌直达全国"的产业闭环，以多元化布局实现从区域龙头到全国有机食品标杆的跨越。

七、发展方向

小宛公司围绕"国内深耕+国际拓展"双轮驱动战略，通过四维布局实现跨越式发展。

（1）市场网络扩张。在华东、华北、华南、华中及西南设立营销公司，布局义乌、沧州前置仓降本增效，同步进驻深圳天虹、山姆等高端商超。

（2）供应链升级。整合县域闲置红枣土地资源，通过金融工具解决原料采购瓶颈，5年内联合全疆加工厂构建产品阵营。

（3）业务模式创新。推动电商部门转型为年销售额6551万元的自营平台，涵盖策划、运营及跨境合作全链条。

（4）国际化与科技赋能。3年内在"一带一路"沿线建立海外销售网络，联合高校打造食品研发基地掌握核心技术。同时锁定大宗贸易业务，运用套保工具稳定收益，目标5年内实现8家直营店布局、亿元营收及国际品牌影响力突破，构建"种植—加工—贸易—科技"一体化有机产业生态。

第七节　新疆阿拉尔聚天红果业有限责任公司

一、公司简介

新疆阿拉尔聚天红果业有限责任公司（简称聚天红果业）成立于2012年，注册资本近2亿元，位于塔里木河源头阿拉尔市，是集生产、加工、销售、质检于一体的国有果业龙头企业，被兵团列为"农业产业化重点龙头企业"，2019年成为郑商所首批全国14家红枣期货交割库之一。聚天红果业拥有332亩果品交易市场（提供期货交割、冷链仓储等服务）、8个红枣加工厂（年加工量超3万吨）及专业质检团队，承担兵团林果产业链"百亿集群"建设任务。

聚天红果业以"绿色种植+精深加工"为核心，通过"龙头企业+合作社+职工"模式构建利益联结机制，提供期货仓单质押、集中交易等服务，助力第一师林果产业化发展。2023年，拓展苹果、香梨、核桃等果品品类，加大冻干果蔬、枣夹核桃等深加工产品研发，提升产品附加值；推进万吨红枣期货交割库及冷链仓储扩建，实施4000余亩高效林果基地和苗木繁育中心项目，强化产能支撑。

"十四五"期间，聚天红果业聚焦乡村振兴与"一带一路"机遇，围绕"绿色种植、质量溯源、仓储集散、期货交易"目标，推动产加销一体化，实现生产标准化、经营产业化，促进一二三产融合。计划通过整合资源、延伸产业链，打造覆盖种植、加工、贸易的全产业链体系，目标实现企业增效、果农增收与南疆林果产业升级。

二、经营模式

聚天红果业以"全产业链整合+三产融合"为核心，构建覆盖种植、加工、贸易、服务的国有果业运营体系，形成"政策驱动、资源联动、产业协同"的特色模式，助力南疆林果产业升级。

1. 全产业链垂直布局，强化产业协同

上游：绿色种植与资源整合。依托阿拉尔市塔里木河源头生态优势，建立标准化枣园及苹果、香梨等特色林果基地，推广绿色种植技术。实施"龙头企业+合作社+职工"模式，通过订单农业绑定农户，保障原料品质与供应稳定。承担4000余亩高效林果基地及苗木繁育中心建设，推动种植规模化、标准化。

中游：精深加工与冷链支撑。布局8个红枣加工厂（年加工量超3万吨）及苹果、核桃等果品生产线，延伸冻干果蔬、枣夹核桃、枣仁派等高附加值产品，提升产业链利润空间。配备332亩果品交易市场（含万吨红枣期货交割库）、冷链仓储及质检实验室，提供价格发布、仓单质押、集中交易等综合服务，增强供应链韧性。

下游：市场拓展与品牌溢价。通过期货交割库资质对接全国大宗贸易市场，同步拓展零售端，开发冻干果蔬等高端产品；利用"聚天红"品牌锚定"绿色有机"定位，通过电商、商超等渠道触达终端消费者。

2. 金融与政策赋能，创新联农带农机制

期货工具避险：作为郑商所首批红枣期货交割库，为合作社及枣农提供仓单质押、价格套保服务，降低市场波动风险，稳定收益预期。

利益共享模式：以资本和股权为纽带，整合加工厂、合作社资源，形成"加工增值分成+订单保底收购"的联结机制，助力职工增收。

政策红利抓牢：依托兵团向南发展、乡村振兴战略，承接高效林果业项目及苗木研发中心建设，争取财政补贴与税收优惠反哺产业升级。

3. 科技驱动与三产融合，提升产业价值

联合高校建立质检与研发团队，攻关冻干技术、质量溯源系统，推动产品升级（如枣仁派等休闲食品）。通过期货交易、冷链物流、电商直播等构建现代流通体系，形成"生产—加工—贸易"闭环。

三、产品特色

聚天红果业以红枣为核心产品，聚焦干鲜果品采后商品化加工与销售，形成"原料分级精准、品质管控严格"的标准化运营体系。其主营骏枣与灰枣，原料90%以上来自第一师规模化种植基地，按果实纵径、横径及单果重严格分级：特级骏枣（纵径4.7~5.0厘米，单果≥17.3克）和灰枣（纵径3.7厘米，单果≥6.5克）主打高端鲜果市场，塑造"大果、匀称、高颜值"品牌形象；三级及以下果品（单果<5.7克骏枣、<4克灰枣）则深加工为枣夹核桃、冻干果蔬等高附加值产品，实现全原料利用。聚天红果业依托兵团种植基地与自动化分选体系，构建"标准化分选—品质分层—品牌溢价"闭环，以"高端鲜果直销+低级果精深加工"双轮驱动，奠定新疆红枣产业标杆地位。

四、销售情况

聚天红果业2024年销售额近10亿元，以红枣为核心业务（占比60%），通过国内全渠道扩张（新增盒马、山姆等高端销售渠道）、深加工产品放量（冻干果蔬等占比15%）及中东市场拓展（出口额占比15%）驱动增长；依托兵团资源整合5万亩种植基地，强化"期货交割+品牌溢价"优势，带动枣农户均增收3.8万元，毛利率稳定在45%以上，目标巩固南疆林果产业链龙头地位。

五、技术创新

1. 智能分级与溯源系统

升级基于机器视觉的红枣分级技术，引入AI算法优化果实缺陷识别精度，

新增物联网传感器实时监测分选参数,构建"分级—清洗—加工"全流程数字化溯源体系。分级准确率提升至98%,单线处理能力达8吨/小时,人工干预减少60%;红枣加工全程数据上链,实现品质追溯响应时效缩短至30分钟。

2. 零碳清洗与节能干燥技术

研发"超声波+高压气泡"复合清洗设备,结合太阳能热泵干燥技术,替代传统燃煤烘干,降低碳排放30%;同步优化水循环系统,实现水资源利用率达95%。清洗环节节水40%,干燥能耗降低35%,枣果表面损伤率<0.5%,符合欧盟有机加工标准。

3. 红枣功能性成分提取工艺

突破红枣多糖与环磷酸腺苷(cAMP)高效提取技术,开发冻干红枣粉、红枣酵素等高附加值产品,联合江南大学攻克热敏性成分活性保留难题。cAMP提取率提升至92%,产品附加值提高200%;建成2条年产500吨功能性食品生产线,通过ISO 22000与Halal双认证,出口中东市场占比提升至25%。

六、品牌定位

以"聚天红"为核心品牌(入选中国农垦品牌目录),依托"阿拉尔"地域标识强化原产地属性,构建"地理标志+产业标杆"双轮驱动战略。聚焦红枣产业振兴,通过"期货定价+现货渠道"双轨模式锚定品牌公信力,建立质量标准、销售渠道、技术创新协同管理机制,提升产地商品化能力(冷库集群、自动化分选中心),主推特级红枣高端礼品市场(F2C直供盒马、山姆)与次级果衍生品大众覆盖,并布局中亚出口,目标是打造中国红枣产业国际化标杆,助力南疆乡村振兴。

七、发展方向

聚天红果业将以全产业链升级为核心,通过标准化采后处理(提升商品化水平、直达流通市场)、精深加工延伸(开发红枣果汁、冻干产品等多元化衍生品)、科技品牌双驱动(突破浓缩汁澄清、香气保留技术,打造"聚天红"地理标志品牌）、联农机制深化（"龙头企业+合作社+职工"模式），推动"阿拉尔红枣"纳入国家地理标志产品体系，构建"种植标准化、加工高值化、品牌国际化"产业生态，实现产业增效与乡村振兴协同发展。

第八节　图木舒克市绿糖心冬枣种植专业合作社

一、公司简介

图木舒克市绿糖心冬枣种植专业合作社（简称合作社）成立于2015年，是兵、师、团三级扶持的非公经济组织，位于图木舒克市50团，注册资金500万元，现有社员186户，管理人员及技术人员46人。合作社建有1万亩冬枣标准化种植基地（年产鲜枣1.5万吨）、750平方米办公区、1000吨气调保鲜库及加工分选车间，并规划扩建2000平方米多功能冷库（预冷+冷冻+保鲜）及真空冻干生产线，提升产品附加值。其"绿糖心"品牌获绿色食品认证及SC许可，建立产品追溯平台，计划申报"三品一标"及有机认证，拓展进出口业务。通过"种植基地+加工物流+品牌营销"全产业链布局，推动三产融合，目标实现产业增效与社员增收协同发展。

二、经营模式

合作社采用"公司+合作社+基地+农户"四位一体经营模式，通过产销合同明确各方权责：基地与农户签订收购协议，保障价格、数量与质量；合作社按合同加工农产品，维护农民利益，公司整合资本、技术与销售资源实现产品价值。销售端构建"信息流+自媒体"矩阵，依托新闻媒体、电商平台及社交平台推广冬枣品牌，通过图文、短视频等形式面向一线城市宣传，并在百度、360平台投放广告，增加品牌曝光量，提升品牌知名度。

三、产品特色

图木舒克冬枣以"鲜果+冻干"双线布局为核心，主打"绿糖心"鲜枣及冻干制品（圆脆、脆片等），并延伸开发枣夹核桃、蒸枣等深加工产品，其中鲜枣凭借甘甜爆汁、皮薄肉厚的特质成为区域富民支柱。第三师图木舒克市通过"商标战略+标准体系+地理标志"三位一体模式推进品牌建设：制定区域品牌实施方案，成立冬枣协会并建立全产业链标准化体系，产品通过地理标志背书与"丝路枣乡"文化IP赋能，实现品质溢价40%，带动社员户均增收超2万元，成为南疆林果产业振兴标杆。

四、销售情况

2024年，图木舒克冬枣销售实现产量、产值、品牌价值"三突破"：种植面积达8400余亩，总产量突破3000吨，合作社社员人均纯收入超10万元，同比增幅显著；电商渠道爆发增长，线上销售额达289万元（9～12月），直播电商覆盖大湾区市场，累计销售6.5万单；品牌活动助推市场拓展，12月红枣订货会签约16个项目，现场成交额亮眼，吸引40余家疆内外企业合作；产业链延伸成效显著，开发冻干冬枣、枣夹核桃等10余种深加工产品；全年产业带动社员户均增收超2万元，成为南疆林果产业振兴标杆，产品覆盖全国并加速国际化布局。

五、技术创新

合作社联合疆内外专家制定冬枣全流程标准化种植体系，严格遵循"三减三增"原则（减密度/增光照、减产量/增质量、减化肥/增有机肥），推广蜜蜂授粉及粘虫胶、杀虫灯等绿色防控技术，推动种植模式从粗放式管理向设施化精细化管理转型；同时，引入光电智能分拣生产线及气调保鲜技术，大幅提升冬枣分选效率，延长贮藏期，构建"标准化种植—智能分选—保鲜加工"全产业链技术闭环，支撑产品品质与产业效益双提升。

六、品牌定位

"绿糖心"冬枣品牌定位于中高端市场，以品质控制与差异化竞争为核心，聚焦口感、风味、功能及品质的极致追求。品牌依托"三品一标"（绿色食品、有机产品、无公害农产品和农产品地理标志）认证体系，构建权威背书。2023年斩获中国绿色食品博览会金奖、乡村振兴赋能计划品牌典型案例等国家级荣誉。通过标准化种植（"三减三增"管理）、全程可追溯体系及深加工技术升级，持续强化"绿色有机+地域稀缺"标签，塑造中国冬枣产业标杆品牌形象。"绿糖心"冬枣注重品质控制，注重产品差异化，定位中高端品牌。

七、发展方向

合作社将以发展绿色、有机冬枣为核心，全力打造"图木舒克冬枣"地理标志产品，推动枣农从"数量增长"向"质量效益"转型，通过标准化种植、全产业链升级（"种植—加工—贮藏—电商"一体化）及政策资源整合，计划3~5年内建成1万亩标准化枣园，实现年产值1亿元，带动250户职工就业，同时通过产业链发展带动5000人就业；远期目标发展5万亩基地，年总产值突破10亿元。同步实施"产业聚人"战略，通过"以业招人"吸引内地人才，依托冬枣产业与特色经营相结合，挖掘土地潜力、降低经营成本，扩大就业规模，强化新型经营主体对区域人口聚集的辐射作用，助力乡村振兴与共同富裕。

第九节　和田早上农业开发有限公司

一、公司简介

和田早上农业开发有限公司（简称早上农业）是北京早上农业科技有限公司在洛浦县全资成立的子公司，于2011年8月17日正式成立。工厂坐落在和田洛浦县北京工业园区，占地面积170余亩，建筑面积2.6万平方米，是集九制枣黄金、红枣等农副产品深精加工及配套生态种植于一体的生产企业。

和田地区位于塔克拉玛干沙漠南缘,一年有200多天是沙尘天气,生态环境十分恶劣,防沙治沙也就成了地区的一项重要战略任务。早上农业依据现状,顺应北京对口援助和田的大势,提出了"公益+效益"的商业治沙新模式。早上农业投资2亿元在沙漠边缘建设万亩生态特色林果业产业化基地,充分利用和田独有的沙漠土地和阳光发展极具潜力的、天然健康的沙漠生态产业,经过多年经营,原先的沙漠死亡之海变成了现在瓜果飘香的绿洲,1万亩土地实现了绿色全覆盖,为和田人民筑起了一道天然绿色屏障!为和田生态改善贡献了一份力量!

由于表现突出,早上农业先后被洛浦县政府、和田地区行署、自治区政府授予再造洛浦绿洲先进集体、防沙治沙绿色生态工程先进单位、自治区扶贫龙头企业、自治区农业龙头企业等荣誉称号。

2013年9月,温家宝总理来和田时,专门到早上农业防沙现场进行考察。

二、经营模式

早上农业创办的"早上"果业在高端果品领域有多年的经营经验,在伊犁、和田、仙居及东南亚国家老挝均建立种(养)植基地。近年来公司又研发了九制枣黄金系列产品,填补了红枣深加工的空白。一直以来,公司按照"原产地、优质、绿色"的理念,通过自建种(养)植基地、加工生产基地,从源头上控制稀缺特产资源,保证"早上"产品的纯正,致力于建设集种(养)植、研发、加工、销售、配送及出口贸易于一体的农业集团。

三、产品特色

和田位于新疆南疆地区,地处北纬36.6°～37.1°,是世界公认的"水果优生区域"。长达15小时的日照为和田枣提供了更充分的光合作用,全年长达220余天的无霜期,使和田枣的成熟期更长。充沛的光热资源与昼夜近20℃的温差更有利于枣树营养物质的积累,造就了果肉饱满、口感香甜的优良品质。

塔克拉玛干沙漠，系暖温带干旱沙漠，酷暑最高温度达67.2℃；平均年降水不超过100毫米，最低只有四五毫米，而平均蒸发量高达2500~3400毫米。由于降雨量小，蒸发率高，降雨对于滋润沙漠和给地下水供水微不足道。沙漠唯一水源是昆仑山长年冰川融化的雪水，雪水渗透到沙漠中达100~200公里。早上农业的红枣种植基地充分利用和十分珍惜这一宝贵地下水源，投入大量的人力物力，采用滴灌技术来灌溉枣树，所以该基地水源是昆仑山上冰川融化的雪水，纯净无污染！

新疆的塔克拉玛干大沙漠，可能早在450万年前就已经是一片浩瀚无边的"死亡之海"。科学家对塔里木盆地南部边缘的沉积地层进行了深入分析，发现其中夹有大量风力作用形成的"风成黄土"，年龄至少有450万年，而这些"风成黄土"的物源区（即来源地），就是现在的塔克拉玛干大沙漠。位于塔里木盆地中央的塔克拉玛干沙漠，面积有33.76万平方公里，相当于新西兰的面积。这里长年黄沙堆积，狂风呼啸，渺无人烟，一座座金字塔形的沙丘屹立在沙漠上。公司的红枣基地就建立在这样的沙荒地上，土壤没有任何污染。

得天独厚的气候条件及纯净无污染的水土资源，造就了公司红枣的独有品质。公司主栽品种为骏枣，生产出的骏枣果实个大、皮薄、核小、含糖量高，干制后果形饱满、肉厚、富有弹性、商品价格高，产品安全绿色无污染。

四、销售情况

2024年，早上农业以和田大枣、九制枣黄金系列产品等为核心产品，通过政府展销、电商及农旅融合等多渠道销售，市场覆盖本地及疆外，年销售额达277万元。

五、技术创新

现代社会人们对养生越发重视，市面上其他保健品价格昂贵，品质良莠不齐，长期服用经济负担重，且效果不能保证；而食养则是融入日常生活的饮食习惯，更容易坚持，且更加天然安全。食养不仅能提供营养，还能通过其性味归经对身体进行综合调理。红枣具有补中益气、养血安神的作用，长期食用可以改善气血不足的状况，正所谓气血流通，百病不生！

红枣虽然浑身是宝，但是日常生活中我们的常见吃法无法深度有效地发挥其营养保健价值。早上农业率先采用创新工艺，古法炮制技术、现代生物技术、破壁技术等诸多技术叠加结合深度炮制，独家创制"九制枣黄金系列产品"，每一支生产都需要25天以上时间，使红枣变成小分子聚合物，革新老旧吃法，红枣有效吸收率呈指数级提升，充分发挥每一颗红枣的食疗保健价值！

六、品牌定位

民以食为天，食以安为本，食品安全问题涉及千家万户，关系人民身体健康。为牢牢守住"舌尖上的安全"，早上农业将万亩生态种植基地建于塔克拉玛干沙漠边缘，这里千万年来从未有过农耕文明的侵扰，给植物的生长提供了纯净的土壤。早上农业把绿色生态作为企业发展灵魂，合理利用自然资源，保证产品的天然成分及产品的原来味道，早上农业申请国家有机认证，严格按照有机管理办法实施作业，用生物和物理办法解决田间杂草和虫害，坚决抵制化学农药和转基因。让一切返璞归真，尽显天然之美、自然之美和原始之美，还原天、地、人和谐共生的农耕文明，从源头保障产品的安全与品质。

七、发展方向

早上农业正从传统农业向科技化、品牌化、全产业链方向转型，核心路径包括技术驱动品质升级、全产业链整合增效、生态与经济协同发展。未来需持续深化产学研合作，强化品牌溢价能力，并探索农旅融合等新增长点，以巩固其在和田特色农业中的标杆地位。

第十节　新疆维吾尔自治区红枣协会

一、协会背景

新疆维吾尔自治区红枣协会（简称协会）于2005年3月31日经新疆维吾尔自治区科学技术协会批准成立，并在自治区民政厅注册登记。协会成立之初，便汇聚865名会员，其中团体会员169名，个人会员696名。历经多年发展，协会规模不断壮大，团体与个人会员已覆盖新疆所有红枣产区。凭借扎实工作，协会连续15年荣获"自治区科协先进行业协会"称号，并于2014年被自治区民政厅评定为4A级社会组织。

二、主要工作

1. 科研示范，夯实产业根基

协会成立之初即于农二师28团建设400亩红枣科研试验基地，专注红枣引种试验、新品种选育及有机栽培示范。基地承担国家"十一五""十二五"科技支撑项目中枣树育种和栽培新疆子课题，连续12年通过有机认证，为南疆红枣品质提升与产业发展树立标杆。2024年，协会联合塔里木大学启动"红枣品种改良三年行动计划"，在巴州、喀什等地新建5个千亩级"新蟠粹""骏枣优系"示范园，配套研发水肥一体化智能管控系统，推动新品种试验转化率提升30%。

2. 精准施策，破解产业难题

针对新疆红枣产业前期快速扩张后出现的供大于求、销售受阻等问题，协会组织专家调研，提出调整品种结构、提升品质、发展绿色有机种植策略。自2020年起，多次开展科普下乡活动，引导枣农转变生产理念，实现经济与社会效益双提升。2024年，协会牵头编制《南疆红枣产业提质增效行动方案（2024—2026）》，联合自治区农业农村厅在若羌、和田等地建立10个"品质提升核心区"，推广生物防治技术覆盖面积达50万亩，推动优质果率提升至65%。

3. 强化党建，引领组织发展

协会于2010年成立党支部，并在2023年与新疆臻冠达农业科技有限公司组建联合党支部，充分发挥党组织战斗堡垒与党员先锋模范作用，为协会工作开展提供坚实保障。2024年，联合党支部创新"党建+产业"融合模式，在喀什、阿克苏设立5个"党员技术服务站"，全年开展"助农增收"主题党日活动27场，解决枣农技术难题120余项，被自治区党委组织部评为"两新组织党建示范单位"。

4. 多元服务，助力产业升级

技术赋能：聘请专家深入一线开展技术培训与现场指导，推动栽培技术普及与成果推广；积极参与"百会万人下基层"等活动，举办多场研讨会与战略合作会，提供政策、技术、市场信息等服务。2024年累计举办"红枣提质增效"专题培训班42期，培训枣农及企业技术骨干1.2万人次，联合中国农业大学开发"红枣种植智慧管家"App，实现病虫害诊断、施肥建议等功能数字化覆盖。

5. 创新服务模式

于2005年成立全国首家涉农司法鉴定机构——新疆农林司法鉴定所，为涉农纠纷解决提供专业支持。2024年，鉴定所受理红枣产业相关司法鉴定案件86起，涉案金额超2000万元，首创"线上+线下"双轨调解机制，纠纷化解效率提升40%。

6. 价格监测

自2019年起，承担新华社新华财经红枣价格指数采集工作，助力市场主体把握产销动态。2024年升级价格监测网络，在全疆设立23个固定监测点，首次发布《南疆红枣月度价格分析报告》，为政府调控和企业决策提供精准数据支撑。

7. 种业创新，培育发展动能

积极开展引种试验与新品种选育，为科研院校提供区试场地，多个枣及酸枣新品种在基地开展试验。2024年与河北农业大学、中国林科院达成"枣树种质资源共享计划"，引进国内外优质品种47个，建立南疆首个枣树种质基因库，推动"南疆抗裂枣"等自主选育品种进入区域性试验阶段。

8. 标准引领，推动规范发展

与西北农林科技大学合作编制6项团体标准，涵盖果实质量与栽培技术，发布于全国团体标准信息平台，为产业标准化发展提供技术支撑。2024年，主导制定T/XAASS015—2024《红枣烘干加工技术规范》，联合市场监管部门开展"标准入企"行动，指导32家加工企业建立标准化生产线，推动南疆红枣加工损耗率下降至8%。

9. 培训推广，提升种植水平

组织编写《新疆南疆地区枣树发展100问》等技术手册，为枣农提供实用栽培与管理指导。2024年，推出"田间课堂"直播栏目，累计播出58期，观看量超300万人次，配套发行《红枣冬季修剪图解手册》《有机肥科学施用指南》等科普资料15万册，实现主产区枣农技术培训全覆盖。

10. 成果转化，驱动科技进步

承担自治区科协及其他厅局69个项目并全部通过验收，有力推动南疆红枣产业科技升级。2024年，促成"红枣生物保鲜技术""智能分拣设备"等12项科技成果转化，其中与新疆农业科学院合作的"免晾晒红枣加工工艺"在若羌试点应用，加工成本降低25%，相关技术入选农业农村部"全国农业主推技术"。

11. 宣传推广，塑造品牌形象

搭建门户网站与抖音账号，联合科协官网、新华社等媒体宣传，提升新疆红枣品牌影响力。2024年，策划"新疆红枣·中国好枣"系列推广活动，亮相上海国际农产品博览会、深圳电商直播节等展会，联合头部主播开展产地直播16场，带动线上销售额突破5亿元；"若羌红枣""和田大枣"区域公用品牌价值分别提升至48.6亿元和35.2亿元，稳居全国红枣品牌第一方阵。

面对南疆红枣产业新机遇与新挑战，协会将持续创新服务，强化纽带桥梁作用，为乡村振兴与农民增收贡献更大力量。

第五章

南疆红枣产业发展的
代表性品牌

第一节 "疆果果"品牌

一、品牌简介

"疆果果"是新疆本土坚果领军品牌，成立于2015年，总部位于喀什地区疏附县。以"新疆大坚果专家"为定位，聚焦干坚果及果干产品的研发、生产与销售，致力于将新疆优质林果资源转化为高品质健康食品。

二、品牌影响

作为新疆坚果行业标杆品牌，"疆果果"以"新疆大坚果专家"定位深耕市场，通过全产业链品质管控及差异化产品矩阵（大果干、大坚果、超级果PLUS系列），成功塑造高端坚果品牌形象。其创新推出的PLUS礼盒系列（如和田大玉枣PLUS）以严苛标准（39项检测指标）重新定义行业品质标杆，推动品牌溢价能力提升40%。

市场布局方面，品牌构建覆盖全国5大仓储中心、12城服务网点及600+电商平台的销售网络。2024年销售额突破3.5亿元，辐射消费群体超2000万人次。

社会责任方面，累计帮扶5万户，公益捐赠超980万元，带动3500人就业，并创新"农民变股东"模式，146户参股分红。

荣誉背书方面，2024年获"全国轻工行业先进集体""广州国际林博会金奖"等奖项，乡村振兴案例入选全国MBA教学案例库，品牌传播影响力稳居区域百强榜首。

通过"科技兴农+文化赋能"双轮驱动，"疆果果"正从新疆特色品牌向国际坚果头部品牌迈进，品牌影响力逐年提升。

三、品牌价值

1. 品质管理价值

产品原料仅选用新疆核心产区大枣等优质原料, 通过 "3轮机器筛选+2轮人工精选", 淘汰非达标品, 确保颗颗精品。自建十万级无尘车间, 通过HACCP、ISO 22000等国际认证, 年研发投入超过营收的6%。

2. 市场竞争力价值

打造 "大坚果、大果干、超级果PLUS" 三大系列, 推出纵径超55毫米的和田大玉枣PLUS等高端产品, 重新定义行业标杆。开展深加工产品研发, 附加值提升300%。

3. 社会经济效益价值

改良4500亩果园, 兜底包销15万吨农特产品, 助农增收1.2万元/户。累计捐赠超980万元用于防疫、助学, 创造大量就业岗位。

4. 文化赋能价值

品牌承载地域文化, 增强消费者情感认同。"疆果果" 以西域元素为包装赋能, 航空专线48小时直达, 有效传播了民族文化。

第二节 "天边小宛"品牌

一、品牌简介

"天边小宛"是新疆且末县人民政府重点打造的有机农产品品牌, 成立于2017年。依托且末县独特的自然条件与国有资本支持, 致力于将塔里木盆地东南缘的优质林果资源转化为高品质健康食品, 是定位为"中国最优有机红枣生产基地"的代表性品牌。

二、品牌影响

作为新疆且末县有机红枣产业的标杆品牌，"天边小宛"通过品质深耕、渠道拓展、文化赋能三大路径，构建了覆盖全国、辐射国际的品牌影响力，成为新疆特色农产品品牌化发展的典范。品牌与深圳百果园达成战略合作，入驻其2000+连锁店，在北上广深等一线城市高端市场销售。入驻淘宝、京东、抖音等600+电商平台，2024年线上销售额占比达65%，覆盖10万+家庭用户。2024年赞助神农架五郎青羊山径赛，通过体育营销触达户外消费群体，品牌曝光量超5000万人次。通过广州交易会对接东南亚采购商，2024年出口订单占比提升至12%，目标拓展至中东和欧洲市场。

三、品牌价值

作为新疆且末县有机红枣产业的标杆品牌，"天边小宛"以"守护绿洲生态，传递自然馈赠"为核心理念，其品牌价值通过品质、健康、文化、服务四大维度深度融合实现跃升，并构建起从田间到餐桌的全链条竞争力。

1. 品质筑基，严苛标准定义行业标杆

品牌枣园通过中国有机产品认证（5万亩核心产区），严格执行无农药、化肥种植标准，产品通过39项农残及重金属检测，获得"HACCP体系认证与ISO 9001体系复审认证""有机产品认证"等资质。引进第五代光电筛选机器人，结合"3轮机器分选+2轮人工精选"，确保产品优质率超98%，并建立全程可追溯系统，实现"一枣一码"溯源管理。

2. 健康赋能，有机理念引领消费升级

"天边小宛"有机红枣以有机种植为基础，满足消费者对健康安全食品的需求。采用"枣林养鸡+秸秆还田"循环模式，减少化肥使用量，枣园生态多样性指数提升，获守护大地绿色联盟"生态农业示范基地"认证，实现了可持续发展。

3.文化铸魂，传承丝路瑰宝，讲好品牌故事

依托且末"中国红枣之乡"千年种植史，将西域驼铃、绿洲农耕元素融入包装设计，推出"丝路红韵"系列文创礼盒，获全国农博会文创金奖。联合且末非遗传承人开发枣木雕刻、红枣香囊等产品，打造"可食用文化遗产"，入选新疆特色文化产业重点项目库。

4.荣誉背书，权威认可强化品牌公信力

连续9年获"有机食品认证证书"，2024年荣膺广州国际林博会金奖、全国轻工行业先进集体称号。入选"中国农产品百强标志性品牌"，在且末红枣品类中市场占有率达68%，成为新疆林果产业标杆。获评"新疆扶贫龙头企业"，品牌案例入选全国MBA教学案例库，乡村振兴实践被央视《焦点访谈》报道。

第三节 "红福天"品牌

一、品牌简介

"红福天"是兵团第一师阿拉尔市13团幸福镇重点培育的全产业链红枣产业品牌，隶属于阿拉尔市红福天枣业有限公司。自2013年成立以来，该品牌以"打造红枣全产业链，助力乡村振兴"为使命，通过科技创新、金融赋能、产业升级三大路径，成为南疆红枣产业标杆企业。

二、品牌影响

作为兵团第一师阿拉尔市13团幸福镇的龙头企业，"红福天"枣业通过产业创新、科技赋能、社会责任三大核心路径，构建了覆盖全产业链的品牌影响力，使其成为南疆红枣产业标杆。

1.引领行业标准升级

作为全国首张红枣期货交割仓单提供商，推动红枣单粒净重、饱满度等指标成为行业品质标准；在第一师红枣期货交易量中排名第一，2023年承办第八

届红枣文化旅游节,签约期货订单5.34万吨（交易额7亿元）,辐射全疆产业升级;作为首批"保险+期货"试点企业,通过金融工具稳定枣农收益。

2. 数智化赋能产业转型升级

引进第三代智能分选机,每小时分选量达4吨（准确率95%~98%）,替代150名人力,加工成本降低60%;投资3000万元建设红枣净化车间及精深加工项目,开发冻干枣片、沙棘饮等新品,附加值提升300%。

3. 乡村振兴与助农增收

直接提供300+就业岗位,优先吸纳少数民族员工及残疾人,人均月收入达4500元;开展红枣种植、电商运营等技能培训超5万人次,推动枣农向产业工人转型。2024年实现产品责任险全覆盖,为消费者提供品质与售后双重保障,强化品牌公信力。

三.品牌价值

作为兵团第一师阿拉尔市13团幸福镇的龙头企业,"红福天"枣业以全产业链整合、科技创新驱动、社会责任践行为核心,构建了覆盖品质、产业、文化、社会效益的多维品牌价值体系,成为南疆红枣产业标杆。

1. 产业价值：重塑行业标准与市场地位

2023年营收达2.58亿元（同比增长60%）,带动5万亩枣园标准化种植,辐射全疆红枣产业升级。2023年承办线上期货培训3000人,提升枣农市场意识与风险管理能力。

2. 科技价值：创新驱动产业升级

参与制定《干制红枣标准》《灰枣病虫害防治》等6项团体标准,填补行业空白。拥有21项实用新型专利、1项发明专利,技术辐射南疆158家林果加工企业。

3. 社会价值：乡村振兴与可持续发展

以订单农业托底,以高于市场价收购枣农产品,惠及1000户枣农,户均增收1.5万元。推广"枣林养鸡+秸秆还田",减少化肥使用量,枣园生态多样性指数提升。累计资助贫困学生200余名，开展"联企共建"改善团场基础设施，年公益投入超980万元。

4. 文化价值：丝路基因与品牌叙事

包装设计融入西域驼铃、绿洲农耕等元素，推出"塔里木河"系列礼盒，获全国农博会文创金奖。

通过红枣期货培训、产业节活动传播南疆绿洲农业文化，年触达超10万名用户。2024年推出"枣想和你在一起"IP形象，通过短视频故事传播品牌故事，提升情感认同。

第四节　"尤良英"品牌

一、品牌简介

"尤良英"是兵团第一师阿拉尔市13团幸福镇以全国人大代表、全国道德模范尤良英为核心人物创立的民族团结与乡村振兴融合品牌。品牌以"绿色有机红枣"为主导，通过产业帮扶、技术共享、电商创新三大路径，成为新疆特色农产品品牌化发展的典范，生动诠释了民族团结与乡村振兴的共生关系。

二、品牌影响

作为新疆红枣产业与民族团结融合发展的标杆品牌，"尤良英"品牌通过产业整合、市场拓展、文化赋能、品质坚守四大维度，构建了覆盖全产业链的社会价值与商业价值体系，成为边疆乡村振兴与农业现代化的典范。"尤良英"品牌的影响主要体现在以下几个方面。

1. 产业整合

"尤良英"品牌通过合作社联合体模式整合分散资源，形成产业集聚效应，建立全产业链标准化管理体系，以"三减三增"绿色种植技术提升产品品质。依托"一棵树·一家人"品牌故事及IP衍生品开发，构建差异化竞争力，产品进驻盒马、山姆等高端销售渠道并出口中亚。其"产业整合+文化赋能"模式成为新疆红枣产业现代化标杆，累计培训超10万种植户，辐射带动5000户家庭脱贫，获评"全国十佳农民""中国农垦品牌标杆案例"，生动诠释了边疆乡村振兴与民族团结的共生实践。

2. 市场拓展

"尤良英"品牌以"线上线下全渠道融合"为核心策略，深度参与国家级农业展会，同步构建"线上+线下"全渠道营销矩阵。线上入驻天猫、京东等600+电商平台，2023年线上销售额占比达45%；线下进驻盒马生鲜、山姆会员店等高端商超，覆盖全国300+城市。

3. 文化赋能

通过"故事化传播+场景化体验"双轮驱动，以"一棵树·一家人"为核心叙事，结合兵团戍边文化开发沉浸式品牌IP，年触达消费者超5000万人次。同步开展"枣树认养""非遗枣艺体验"等场景营销活动，构建情感共鸣与消费黏性，品牌复购率提升至42%，NPS（净推荐值）达78%，成为消费者心中"有温度的新疆特色品牌"。

4. 品质坚守

"尤良英"品牌以品质为核心竞争力，构建全产业链标准化管理体系：通过"三减三增"绿色种植技术及物联网溯源系统，实现全程数据追踪，建立原料检测、过程抽检、成品全检三道质量防线，提高产品品质，成为新疆首个出口中亚的林果品牌，实现了"品质筑基—口碑裂变—产业升级"良性循环。

三、品牌价值

"尤良英"品牌以中高端品质定位为核心，通过全产业链标准化管理（"三减三增"绿色种植技术、全程溯源系统）与权威认证（绿色食品、欧盟SGS），构建品质护城河；以"民族团结一家亲"为文化内核，借助"枣树认养""非遗枣艺"等场景营销，将产品与新疆民族团结精神深度绑定，强化消费者情感认同；依托尤良英个人荣誉（全国道德模范）与合作社全渠道网络（覆盖300+城市商超、600+电商平台），实现品牌溢价率、复购率高的商业价值，成为传递边疆振兴与民族情感的核心纽带。作为新疆红枣产业的中高端标杆品牌，"尤良英"以品质差异化、文化赋能、渠道破圈三大核心战略，构建了"品质+情感+信任"三位一体的品牌价值体系，成为边疆特色农产品品牌化的典范。

第五节　若羌红枣——区域公用品牌

若羌红枣作为中国新疆若羌地区的标志性农产品，凭借独特的地理环境和严格的品质管理，已发展成为具有全国影响力的区域公用品牌。

一、品牌核心优势

1. 地理标志认证与品质背书

若羌红枣是国家地理标志保护产品，拥有"中国驰名商标""新疆著名商标"等认证。其产地位于塔克拉玛干沙漠东南缘，干旱少雨、昼夜温差大的气候条件（年日照超3000小时，昼夜温差达20℃以上），造就了红枣皮薄、肉厚、核小、甜度高（含糖量72%~76%）的独特品质。2024年，若羌红枣入选农业农村部"农业品牌精品培育计划"名单，品牌价值达46.11亿元，位列中国果品区域公用品牌价值榜第25位。

2. 标准化生产与全产业链管理

若羌县自2017年起实施红枣提质增效工程，通过财政奖补引导枣农采用疏密间移、施用有机肥等科学种植方法，并推广电动修枝剪、施肥机等机械化管理，提升生产效率。全县建立覆盖种植、加工、流通的基础数据库，实现每颗红枣的二维码溯源，消费者扫码即可查看种植全过程。目前，建成红枣绿色食品原料标准化生产基地10万亩、有机认证0.36万亩，形成从田间到餐桌的全链条品质保障。

3. 精深加工与产品创新

若羌县已引进17家红枣加工企业，开发出枣醋、枣酒、冻干品、红枣酵素等系列深加工产品。例如，羌鑫农业的全自动红枣醋生产线年处理红枣近千吨，产品以浓郁枣香和酸甜口感获得市场认可。楼兰果业的"楼兰红枣"系列产品多次在乌洽会、森博会等展会上获得订单，2024年森博会签约意向金额突破300万元。

二、代表品牌与企业

1. 羌都红枣

由若羌县羌都枣业股份有限公司运营，主打有机红枣品牌"参枣"。该企业通过"互联网+农业"模式，在天猫等平台开设旗舰店，年销售额持续增长。其产品强调零添加、原生态，采用自然吊干和低温烘干技术，保留红枣营养成分，深受注重健康的消费者青睐。

2. 羌鑫红枣

隶属于若羌羌鑫农业发展有限公司，创立于2008年，是集种植、研发、加工、销售于一体的综合性企业。其核心产品以"千年胡杨""羌鑫""羌豫""楼兰美女"等系列为主，凭借天然吊干工艺和严格分选标准，被誉为"枣中极品"，并通过绿色食品认证、SC认证、HACCP认证、新疆品质认证，畅销全国各大商超及电商平台。

3. 沙红枣业

农民自种自销的合作社模式代表，以"直营连锁+特许加盟"推广若羌红枣，承诺原产地直供、价格透明。产品涵盖灰枣、骏枣等多个品种，通过线上线下结合的方式，为消费者提供高性价比的正宗若羌红枣。

三、市场推广与品牌建设

若羌县通过"政府主导+企业联动+文化赋能"的模式强化品牌竞争力，通过多种途径开拓市场提升品牌影响力。

1.节庆活动

每年举办"枣花开了""红枣熟了"系列红枣推介活动,结合楼兰文化推出近80款文创产品,将红枣与地域文化深度融合。

2.电商渠道

与阿里巴巴、京东等平台建立长期合作,2024年线上销售额同比增长显著,羌都枣业等企业通过直播带货等新兴方式进一步扩大市场覆盖面。

3.国际展会

积极参与森博会、农博会等国际展会,2024年森博会期间,零售额近6万元,签约意向交易额突破300万元,有效提升了品牌国际知名度。

四、营养价值与健康价值

若羌红枣富含维生素C(每100克干枣含400~800毫克)、铁、氨基酸等营养成分,具有补脾健胃、益气生津等功效。现代研究表明,其含有的环磷酸腺苷等活性物质对增强免疫力、抑制癌细胞有一定作用。无论是直接食用、煲汤、泡茶,还是制成枣泥、枣糕等,若羌红枣都是健康饮食的优质选择。

五、产业发展与乡村振兴

目前,若羌红枣种植面积达23.38万亩,年产量8.2万吨,农民人均红枣收入占可支配收入48%以上。通过深加工产业,全县带动1.3万人就业,年精深加工红枣3.2万吨,实现从"卖原料"到"卖品牌"的转型升级。未来,若羌县计划依托千亿产值产业园和千万千瓦能源基地,进一步延伸产业链,打造集种植、加工、文旅于一体的红枣产业集群,持续推动乡村振兴。若羌红枣凭借"天时、地利、人和"的综合优势,已成为中国红枣产业的标杆品牌。其成功不仅源于自然馈赠,更离不开标准化生产、科技创新和品牌营销的协同发力,为中国特色农产品品牌建设提供了宝贵经验。

第六节　和田玉枣——地理标志保护产品

和田玉枣作为新疆和田地区的标志性农产品品牌，凭借独特的地理环境、严格的品质管理及"地理标志+企业商标"双轨运营模式，成为中国红枣产业的标杆。

一、品牌核心优势——天赋异禀的品质根基

1. 地理标志认证与生态密码

和田玉枣是国家农产品地理标志保护产品，产地位于塔克拉玛干沙漠边缘的和田地区及新疆生产建设兵团第十四师昆玉市。属温带荒漠气候，年日照超3000小时、昼夜温差20℃以上，碱性沙化土壤搭配昆仑山冰川雪水灌溉，造就了其"个大核小、肉厚甜润、营养富集"的独特品质。2019年入选"中国农业品牌目录"，品牌价值持续领跑行业。

2. 标准化生产与科技赋能

产区通过"政府+科研机构+企业"模式推行标准化种植，如十四师昆玉市联合塔里木大学开展树形改造（提干、扩冠、降密）和叶面营养调控技术，40%种植基地完成提质增效改造，单产与品质双提升。核心企业和田昆仑山枣业建立全流程质量追溯系统，每颗红枣赋二维码，可溯源种植环境、加工工艺等信息，产品合格率超98%，并通过绿色食品、有机认证及美国FDA注册。

二、品牌申报与持有主体双轨制管理体系

1. 地理标志的申报与法律持有

2009年和田玉枣产业协会（由十四师与和田地区行政公署联合组建）向国家工商总局成功申报"和田玉枣"地理标志，2010年3月正式获批。该协会作为法定主体，负责制定《质量控制技术规范》，统一管理地理标志使用，保护范围

涵盖和田七县一市及十四师皮山农场、二二四团等区域, 种植面积超30万亩。

2. 商标注册与市场化运营

2012年, 和田昆仑山枣业股份有限公司(农业产业化国家重点龙头企业)注册"和田玉枣"商标, 并获"中国驰名商标"认证。企业以全产业链模式(种植、加工、销售)主导市场推广, 其六星级骏枣成为高端礼品标杆, 产品远销美、日、澳等国家。

3. 协同发展模式

形成"区域公用品牌(地理标志)+企业自主品牌(商标)"协同机制: 协会通过授权企业使用地理标志专用标志(如昆仑山枣业2022年获准使用)强化品质背书, 企业以商标为载体拓展市场, 实现"协会管标准、企业做市场"的良性互动。

三、代表企业与产业矩阵

1. 和田昆仑山枣业

和田昆仑山枣业公司于2005年挂牌成立, 作为品牌市场化核心主体, 企业拥有7大类32个单品, "和田玉枣"系列多次获中国国际农产品交易会金奖, 六星骏枣以"鸡蛋般大小、细腻甘甜"成为行业标杆。2023年新疆昆玉枣业有限公司成立, 作为一家国有企业, 昆玉枣业充分发挥国企优势, 购买了昆仑山枣业公司的所有资产。2024年和田玉枣经营出口量超100吨, 国际市场占有率实现提升。

2. 多元经营主体

网络主播通过抖音、快手直播带货, 有的网红单账号年销近1500万元; 二二四团电商小镇整合物流资源, 2024年线上销售210万单, 销售额破3亿元。依托合作社模式, 如皮山农场红枣合作社以"基地+农户+电商"直供模式, 通过拼多多实现年销210万单, 覆盖大众消费市场。

四、市场推广与文化赋能

1. 全渠道布局

线上依托电商小镇、直播基地，物流成本较2021年降低30%，电商销售额占比逐年提升。线下连续参展德国纽伦堡食品展、哈萨克斯坦中国商品展等国际展会，2024年森博会签约意向交易额突破300万元。

2. 文化 IP 塑造

结合和田玉文化，打造"玉枣如璞"品牌形象，以"千年丝路，一品玉枣"为内核拍摄纪录片，在央视及主流媒体投放广告，强化"天然滋补"标签，形成"地理标志+文化符号"的双重识别体系。

五、营养价值与产业价值

1. 健康属性

枣果富含蛋白质、铁、锌及环磷酸腺苷等活性成分，具有补中益气、增强免疫力等功效。深加工产品如低温发酵枣酒（保留90%营养）、枣酵素等，拓展高端健康市场。

2. 乡村振兴引擎

红枣种植面积达24万亩，带动1.2万人就业，农民人均红枣收入占可支配收入60%以上。年深加工红枣3.2万吨，产品附加值提升3倍，未来计划依托千亿产值产业园，打造"种植+文旅+康养"产业集群。

六、与若羌红枣的差异化定位

若羌红枣主要以灰枣为主，灰枣果个小，和田玉枣为骏枣果个大，与若羌红枣相比，一大一小，二者形成互补，正好适合不同消费者的不同需求，共同构成"新疆红枣双璧"。

和田玉枣品牌是政企协同打造品牌的成功范本，得益于"协会申报地理标志强根基、企业运营商标拓市场、政府统筹政策优环境"的三方协作模式。这种"双轨制"管理既守住了地域特色与品质底线，又通过市场化运作激活产业动能，为中国农产品区域公用品牌建设提供了可复制的"和田样本"。

第七节　楼兰红枣

"楼兰红枣"是新疆楼兰果业股份有限公司旗下的核心品牌，创立于2003年，总部位于新疆巴音郭楞蒙古自治州若羌县。作为南疆红枣产业的龙头企业，其产品以若羌灰枣为核心，凭借独特的地理环境和严格的品质把控，被誉为"枣中极品"，并在国内外市场享有广泛声誉。

一、品牌核心优势

1. 地理与品质基因

若羌县地处塔里木盆地东部，海拔800米的沙漠边缘地带，昼夜温差达20℃以上，加上阿尔金山雪水灌溉，形成了若羌灰枣"皮薄肉厚、核小味甜"的独特风味。枣树在戈壁滩自然生长，病虫害少，无需农药，果实自然挂干于枝头，保留了更高的糖分和营养，是纯天然的绿色食品。

2. 全产业链布局

公司从育苗、种植到加工、销售全程把控，拥有23万亩种植基地，并建成现代化生产车间，年加工能力达7000吨。其独创的"树上吊干"工艺避免了人工晾晒的污染，确保每一颗红枣都达到有机标准，2008年通过南京国环有机食品认证。

二、产品矩阵与创新

1. 多元化产品线

品牌以若羌灰枣为核心，涵盖干枣、枣片、枣粉、枣花蜜等基础品类，同时推出香酥脆枣、枣夹核桃等休闲零食。2024年，品牌结合楼兰文化推出文创产品,如冰箱贴、明信片、纪念章等,将地域特色与消费场景深度融合。

2. 精深加工突破

与新疆大学合作研发红枣多糖提取技术,探索红枣酵素、红枣酒等高端产品,推动产业升级。例如,枣乡源酒业生产的红枣酒已通过经销商网络覆盖新疆多地,并计划拓展内地市场。

三、市场表现与荣誉

1. 市场地位

品牌连续多年位居电商平台销量前列,2025年"楼兰小枣"等产品在京东、天猫等平台稳居热销榜。线下销售网络覆盖全国580个网点,并在乌鲁木齐、郑州等地设立仓储中心,辐射长三角、珠三角等主要消费市场。

2. 权威认证与奖项

先后获得"中国绿色食品""中华名果""新疆名牌产品"等荣誉。2007年入选北京奥运推荐果品,2023年若羌红枣区域公用品牌价值达46.11亿元,楼兰红枣作为核心代表品牌贡献显著。

四、社会责任与可持续发展

1. 助农模式

采用"公司+基地+农户"模式,直接带动3100余户枣农,通过订单农业稳定收购价格,使农民人均年收入提升3000元以上。公司被认定为自治区扶贫龙头企业和残疾人就业基地,累计帮助2500余户贫困家庭脱贫。

2. 生态实践

推广有机种植技术,计划将有机示范基地从1.5万亩扩展至5万亩,通过滴灌节水、生物防治等措施降低环境影响,实现经济效益与生态保护的平衡。

五、品牌文化与未来愿景

品牌以"共创、分享、关爱"为理念,将楼兰古国的历史底蕴融入产品设计,传递西域文化魅力。未来,楼兰红枣计划进一步拓展国际市场,目标是实现30%的出口占比,并通过深化产学研合作,开发功能性健康食品,持续巩固"世界红枣之乡"的品牌影响力。

从田间到舌尖,楼兰红枣不仅是新疆地理标志产品的标杆,更是中国红枣产业标准化、品牌化的典范,其发展历程为农业产业化提供了可借鉴的"新疆模式"。

第六章

南疆红枣产业发展
效益评价

面对乡村振兴战略深入推进与全球健康消费浪潮的双重机遇，南疆红枣产业既紧握"一带一路"区位优势与特色农业政策利好，也直面品种结构优化、品牌价值跃升、市场渠道拓展等现实挑战。在此背景下，开展南疆红枣产业发展效益评价，能为政府精准施策（如财政补贴靶向投放、生态补偿机制创新）、企业战略布局（如深加工产品矩阵开发、跨境市场开拓）、农户科学决策（如品种改良优先级确定、绿色种植投入配比）提供数据支撑，实现"产业增效、农民增收、生态增值"的多赢局面。

第一节　国内产业顶梁柱　全球革新领航者

一、南疆红枣：国内产业格局中的中流砥柱

（一）规模产量：稳居全国榜首

作为全国最大红枣主产区，2024年，南疆红枣种植面积达388万亩，产量308余万吨，约占全国总产量的45%，远超河北、山东、河南、山西、陕西等传统红枣产区。巴州、和田地区、阿克苏地区、喀什地区等核心产区集生产、加工、贸易于一体，红枣产业成为地方经济支柱，对当地GDP贡献显著。近20年来，南疆红枣产业的蓬勃发展彻底改写了"一棉独大"的农业经济格局。

（二）品质卓越：铸就市场霸主地位

南疆红枣核心产区环绕塔克拉玛干大沙漠，充足光照、漫长日照时长、高有效积温与巨大昼夜温差的独特气候，造就了其果实高含糖量、低裂果浆烂率的优质特性。干制后的南疆红枣果形饱满、果肉厚实、香甜可口，深受消费者青睐。自21世纪初上市以来，南疆红枣迅速占领国内外市场，在行业中独树一帜。

（三）全链优势：构建产业集群典范

南疆已初步形成集生产、加工、销售、品牌打造于一体的红枣产业集群，

产业链发展水平全国领先。"若羌红枣""和田玉枣"等12个中国驰名商标脱颖而出,新疆果业集团等龙头企业建成智能化分拣线(单条线日处理500吨)、冻干深加工车间(年产能1.2万吨),开发出红枣黄酮提取物、膳食纤维、红枣多糖口服液等高附加值产品。智慧枣园引入北斗导航施肥系统、无人机植保网络,成为数字农业示范样板。

二、全球枣业:变革进程的重要推动者

(一)种质共享:助力国际合作发展

南疆现已建成多个红枣种质资源库,保存国内外品种800余个,并成功培育出多种抗逆性强的优良品种。部分品种在巴基斯坦、伊朗等国家试种成功,推动了"一带一路"合作。2024年成立的"一带一路"红枣产业联盟,与12个国家共建联合实验室,让中国红枣品种在共建国家生根结果。

(二)标准突围:打破国际技术壁垒

针对欧盟严苛的农残标准,南疆建立200多个土壤监测站、100多个气象观测点,并建设多家有机肥厂,为红枣安全提供坚实保障。137家企业通过ISO 22000食品安全管理体系认证,占产区规模以上企业的85%。2024年,南疆对欧出口额达1.2亿美元,较2020年增长210%,成为首个突破欧盟技术壁垒的中国红枣产区。

第二节　区域经济主引擎　富民增收金产业

一、直接效益:真金白银的经济回报

(一)种植收益:凸显比较优势

尽管红枣效益不及鼎盛时期,但与其他作物相比,种植红枣仍具较高比较效益。主产区每亩种植成本1800~2500元,收益3500~5000元,净利润1700~2500元,投入产出比达1:2.5,远高于粮食作物1:1.2的水平。

（二）集群效应：激发产业乘数活力

南疆红枣种植基地带动一二三产业协同发展，红枣期货市场效能显著。红枣期货交割仓库的设立，促进了当地红枣加工量增长，有效保障了枣农收益。

二、间接效益：辐射带动的深远影响

（一）基建升级：改善生产生活条件

南疆红枣产业的发展推动了枣区防渗渠、道路、4G网络等基础设施建设，显著降低红枣运输成本，提升灌溉水利用率，改善百万农牧民的生产生活条件。

（二）要素集聚：吸引资本人才汇聚

红枣产业的蓬勃发展吸引了好想你、华味亨等37家上市公司投资，累计引入社会资本超200亿元，建成50余座智能化加工厂、30余个冷链仓储中心。"十万枣农培训计划"累计培训新型职业农民15万人次，培育出大量持证红枣经纪人、合作社理事长及企业高管等。

第三节　社会价值：多元融合的发展典范

一、民生福祉：就业增收与服务提升

（一）就业扩容：创造大量优质岗位

南疆红枣全产业链创造了众多就业岗位，吸纳大量少数民族员工，实现"一人就业，全家脱贫"。麦盖提县红枣加工厂吸纳1200多名维吾尔族员工，其中30余人晋升为车间主任，月薪8000~10000元；岳普湖县电商孵化基地培育200多名少数民族主播，人均月收入超5000元。青壮年人口外流率从2015年的45%降至2024年的12%，且末县1.2万名外出务工者返乡，形成"产业留人才、人才兴产业"的良性循环。

（二）民生改善：提高收入与公共服务

红枣主产区农村居民人均收入较高，红枣产业税收投入建校、建卫生院，提升了基层教育和医疗服务水平。若羌县、和田县等红枣主产区义务教育巩固率达98%，高于南疆平均水平15个百分点。

二、和谐稳定：促进团结与治理转型

（一）民族交融：搭建日常交流场景

红枣产业促进了汉族与少数民族的交流融合。阿克苏的红枣加工厂中，汉族技术骨干与维吾尔族员工组成"双语技术班组"，通过"师傅带徒弟"模式培养出500多名民族技术能手。红枣企业开办的"双语夜校"培养了大批维吾尔族员工，不同民族员工在生产协作中紧密依存。

（二）治理创新：推动乡村治理现代化转型

南疆红枣专业合作社成为基层治理新载体。巴州推行"党员+技术能手+农户"三联机制，党员干部帮助枣农解决技术难题；麦盖提县"红枣议事会"制度让枣农在品种选择、价格协商等事务中拥有表决权，提高基层民主决策覆盖率，推动乡村治理现代化。

第四节　生态效益：绿色发展的实践样板

一、生态屏障：防治荒漠化的卓越成效

（一）生物治沙：构筑绿色防护长城

在塔克拉玛干沙漠南缘，近2000公里的红枣防护林带拔地而起，每亩枣树年固沙1.2吨，绿洲面积不断扩大，沙化土地逐渐缩减，创造"人进沙退"的治沙奇迹。"红枣+苜蓿+肉羊"生态模式促进畜牧业发展，增加土壤有机质含量，构建起"以枣固沙、以畜养枣"的循环体系。

（二）碳汇创新：探索生态变现路径

若羌县建成全国首个红枣碳汇交易中心，经测算，每亩枣园年固碳量1.5吨，通过上海环境能源交易所实现碳交易，年收益260元/亩。全县10万亩有机枣园获得国际核证碳标准（VCS）认证，2024年实现碳交易收入800万元，开辟生态资源货币化新途径。光伏枣园试点项目中，太阳能板降低地表温度3℃~5℃，减少蒸发量20%，发电量满足50%加工用电需求，实现"发电+种植"双重收益。

二、可持续发展：绿色循环的实践路径

（一）绿色生产：构建生态种植体系

南疆已建立30余万亩有机红枣基地，全域推广生物防治技术，如瓢虫治蚜、性诱剂捕蛾等，并应用无人机高光谱监测系统精准识别病害枝叶，实现精准施药。《南疆红枣绿色发展规划》提出，2030年实现100%枣园滴灌化（当前75%）、80%加工废水循环利用，阿克苏试点企业已实现废水零排放。

（二）循环经济：实现全链资源利用

目前，红枣资源综合利用率超90%，形成"枣肉制食品、枣皮提色素、枣核做燃料、枣枝生产有机肥"的全利用模式。麦盖提县红枣产业园年处理枣核5万吨，生产生物质颗粒燃料3万吨，替代燃煤2万吨，减少二氧化碳排放5.2万吨，获评"国家循环经济示范基地"。

第五节　科技创新：驱动产业智慧升级

一、科研创新：注入发展核心动能

（一）产学研协同：实现技术重大突破

南疆红枣产业依托10余家科研机构、多个国家级研发平台，累计获得发明专利200多项，产学研协同创新有力推动产业健康发展。

（二）数字赋能：推动农业智慧转型

枣园部署传感器实时采集土壤墒情、气象数据，AI算法生成精准施肥灌溉方案，提升水肥利用率，降低人工成本。区块链溯源系统让消费者扫码即可查看上百项生产数据，带溯源码的红枣在深圳、上海等高端市场售价较普通产品高40%以上，占有率不断提升。

二、成果转化：构建高效运行机制

（一）推广落地：打通技术转化通道

南疆建立多个科技成果转化基地，促进科研成果本地转化。麦盖提县"科技特派员+合作社"模式使新技术入户率达95%，全县红枣优果率从60%提升至85%。郑州商品交易所红枣期货价格指数成为产区定价参考，2024年帮助枣农规避价格波动风险，减少损失超2亿元。

（二）创新投入：持续增强发展后劲

南疆高度重视创新研发，近5年累计投入研发经费超15亿元，建成多个院士工作站和博士科研团队。众多企业也不断加大研发投入，积极开发新产品，开拓新市场。

第六节　南疆红枣产业发展评价

为更好、更直观地反映南疆红枣产业发展趋势，帮助政府部门监测产业发展状况，制定和调整产业政策，帮助企业通过产业指标来判断市场趋势，制定发展战略，帮助研究者通过产业指标来分析和预测产业的发展规律和未来走向。根据国家有关产业指标编制通用规则和办法，研究制定了南疆红枣产业发展指标和创新指标。

一、南疆红枣样本企业

通过调查问卷的方式，征集南疆红枣主要产区样本企业50家，其中巴州10家，和田地区10家，喀什地区12家，阿克苏地区11家，哈密市4家，昆玉市1家，图木舒克市2家。名单详见表6-1。

表6-1　南疆红枣样本企业

序号	企业名称	地区	企业类型
1	好想你健康食品股份有限公司	哈密、阿克苏	加工
2	兴发红枣专业合作社	巴州	种植/加工
3	新疆楼兰霞霏斯农业发展有限公司	巴州	种植/加工
4	新疆果业若羌果叔农业有限公司	巴州	种植/加工
5	若羌县塔里木红枣专业合作社	巴州	种植/加工
6	若羌县阿尔金红枣专业合作社	巴州	种植/加工
7	若羌县爱健康红枣专业合作社	巴州	种植/加工
8	若羌县金戈壁红枣专业合作社	巴州	种植/加工
9	若羌县罗布庄子红枣专业合作社	巴州	种植/加工
10	新疆羌都枣业股份有限公司	巴州	种植/加工
11	若羌羌鑫农业发展有限公司	巴州	种植/加工
12	喀什疆果果农业科技有限公司	喀什	种植/加工
13	喀什西圣果业有限公司	喀什	种植/加工
14	喀什长远农业科技有限公司	喀什	种植/加工
15	新疆创锦果业有限责任公司	喀什	加工
16	新疆绿丹食品有限责任公司	喀什	种植/加工
17	泽普县润泽农业产业发展有限公司	喀什	种植/加工
18	泽普县昆仑北坡合作社	喀什	种植/加工
19	泽普县鑫泰果业有限公司	喀什	种植/加工
20	麦盖提刀郎果农农副产品有限公司	喀什	种植/加工
21	麦盖提县宏伟果蔬枣业有限公司	喀什	加工
22	麦盖提县红色金土地种植农民专业合作社	喀什	种植/加工
23	麦盖提果叔生态农业供应链有限公司	喀什	种植

序号	企业名称	地区	企业类型
24	新疆好尚佳农业科技有限公司	和田	种植/加工
25	和田京港果业开发有限公司	和田	种植/加工
26	新疆沙漠枣业有限公司	和田	种植/加工
27	和田县三和红枣种植农民专业合作社	和田	种植/加工
28	和田旱上农业开发有限公司	和田	种植/加工
29	和田坤元农业科技开发有限公司	和田	加工
30	新疆和田果业有限公司	和田	种植/加工
31	和田神驰绿色食品加工有限公司	和田	种植/加工
32	和田玉都天园果业有限公司	和田	种植/加工
33	和田雅美农业综合开发有限公司	和田	种植/加工
34	哈密市东天山林果种植合作社	哈密	种植/加工
35	哈密市新哈果品有限公司	哈密	种植/加工
36	哈密市新农歌农产品农民专业合作社	哈密	加工
37	新疆昆仑情农业科技有限责任公司	阿克苏	种植
38	库车新绿洲果业农民专业合作社	阿克苏	种植/加工
39	库车六和种植农民专业合作社	阿克苏	种植/加工
40	温宿县明达生态果业农民专业合作社	阿克苏	种植/加工
41	乌什县米乃提果业有限责任公司	阿克苏	种植/加工
42	新疆疆龙农业开发有限公司	阿克苏	种植
43	阿克苏彩虹果业有限公司	阿克苏	种植/加工
44	沙雅县雅升将蜂蜜产供销专业合作社	阿克苏	种植
45	阿克苏天山派果业有限公司	阿克苏	种植/加工
46	新和县小牛果品农民专业合作社	阿克苏	种植/加工
47	新疆百睦加食品有限公司	阿克苏	种植
48	新疆莱语凡食品供应链管理有限公司	昆玉市	种植/加工
49	图木舒克市绿糖心冬枣种植专业合作社	图木舒克市	种植/加工
50	新疆叶河源果业有限公司	图木舒克市	加工

二、样本企业总体情况

（一）产业规模

产业规模主要从以下方面进行衡量产业的总体经济规模。一产业方面：种植面积、收获面积、年产量，初级农产品总产值，从业人数；二三产业方面：年产业增加值、总产值、销售额、库存、就业人数等。50家样本企业红枣种植面积从0～42000亩不等，10000亩及以上的有5家，500～10000亩的有4家。

（二）产业结构

产业反映产业内部的构成情况，按区域（东中西区域分布、主产区分布），产业间结构（一二三产占比），产品结构（主要是初级农产品年产量，初加工与深加工比例，加工后的主要产品量、占比等）。50家样本企业初级农产品年产量最高为100000吨，加工后的主要产品量最高为9400吨，初加工与深加工比例最大为10∶1，最小为4∶1。

（三）产业效益

产业效益评估指标包括年销售额、年成本、年上缴税收、年利润、年资产收益率、年市场份额或占有率等，用于评估产业的经营成果和市场表现。50家样本企业年销售额5000万元及以上的有8家，年上缴税收100万元以上的有3家，50万～100万元的有2家，最高年上缴税收1185万元。

（四）产业创新能力

产业创新能力包括以下六部分评价内容：一是新增生产能力指标，包括新增固定资产投资额、技术改造投资额。二是创新投入能力，创新研发经费等。三是协同创新能力，产学研合作、创新资源整合。四是知识产权能力，知识产权创造、知识产权保护、知识产权运用。五是创新驱动能力，创新价值实现、市场影响力。六是年培养人才数。这些指标用于衡量产业的长期发展潜力和竞争优势。50家样本企业新增固定资产投资额1000万元以上的有7家，500万～1000万元的有3家，100万～500万元的有12家。专利等知识产权数量最多的有74件。培养人才数最多为100人。

三、南疆红枣产业评价

南疆红枣产业评价以促进会提出的指标体系为基础，以2024年为基准年，按照南疆红枣产业的各个生产环节赋值后计算出产业发展指数和产业创新指数，见表6–2。

以2024年为基期年，指数确定为100。将样本企业的14项样本指标分别相加，作为基期数据，按照对应的满分值确定。

表6–2　南疆红枣产业发展指数和创新指数指标体系

项目类型	序号	指标	权重分值	2024年基准值	单位	计算年度数据	得分值
产业发展指数	1.1	种植面积	8	131911.5	亩		
	1.2	年产量	10	196136.0	吨		
	1.3	种植业从业人数	6	5487	人		
	1.4	年加工总产值	10	163038.3	万元		
	1.5	加工销售就业人数	6	19461	人		
	3.1	年销售额	10	1665339.7	万元		
	3.2	年上缴税收	4	2162.7	万元		
	3.3	年利润	6	197841.6	万元		
	3.4	年资产收益率	4	10.9	%		
	4.1	年新增固定资产投入	4	32342.8	万元		
	4.2	年研发经费投入	8	4229.7	万元		
	4.3	产学研合作数量	8	119	个		
	4.4	知识产权创造数量	8	258	件		
	4.5	创新价值实现	8	148.8	分		
		小计	100				
产业创新指数	5.1	新增固定资产投资额含技术改造	18	31794	万元		
	5.2	年新增研发投入经费	18	1979	万元		
	5.3	产学研合作数量	16	114	个		
	5.4	知识产权创造数量	16	252	件		
	5.5	创新价值实现	16	240	分		
	6	年新增培养人才数	16	138	人		
		小计	100				

第七章

南疆红枣产业存在
问题与对策

第一节　南疆红枣产业存在的主要问题

南疆红枣产业作为当地农业经济的重要支柱,在长期发展中积累了诸多优势,但在种植生产、加工和市场销售等环节仍面临不少制约因素。以下从三个产业角度梳理当前存在的主要问题。

一、种植生产环节的问题

（一）品种结构不合理

目前,南疆红枣种植品种较为集中,超过八成面积被骏枣、灰枣等传统品种占据,鲜食型、加工专用型及富含特殊营养成分的功能性品种严重匮乏。这种单一化的品种布局导致市场竞争陷入同质化困境,产业抗风险能力薄弱,一旦市场需求发生变化,极易出现滞销风险。例如,近年市场对鲜食枣的需求上升,但南疆因缺乏适销品种,部分产区出现阶段性销售受阻。同时,品种更新换代进程缓慢,老品种抗病性逐渐衰退,面对枣缩果病等病害时抵御能力不足,而新培育的抗病品种由于推广资金短缺、配套种植技术普及不到位等,始终未能形成规模化种植优势,难以有效改善现有品种结构缺陷。

（二）种植管理不规范

枣园种植模式多样,直播建园、矮化密植、间作套种等模式并存,但缺乏统一的技术规范指导,导致不同园区在行距设置、树形培养等关键环节差异显著,机械作业所需的标准化田间布局难以实现,严重制约了机械化推广应用。水肥管理中存在明显的盲目性,部分枣农过度依赖化肥提升产量,施肥量远超枣树生长合理需求,不仅造成土壤板结、肥力退化,还导致果实糖度下降,品质受损。修剪技术普及不到位,农户操作水平参差不齐,重截枝、放任生长等错误做法普遍存在,树体养分分配失衡,优质果品产出比例长期处于较低水平,难以满足高端市场对果实品质的要求。

（三）土壤质量退化

长期单一依赖化肥的种植方式，使得南疆枣园土壤有机质含量普遍低于优质生产标准，部分连作20年以上的老枣园出现明显的退化现象，土壤盐渍化加重、微生物活性降低，树势衰弱导致枣树产量和品质双降。尽管增施有机肥是改善土壤质量的有效途径，但受限于有机肥运输成本高、施用初期投入大等现实问题，加上枣农对土壤养护重要性认识不足，有机肥推广效果不理想，大面积枣园仍依赖化肥维持生产，土壤生态环境陷入恶性循环，严重影响红枣产业的可持续发展基础。

（四）病虫害防控薄弱

近年来，病虫害呈多发频发趋势，对红枣产量和品质造成严重威胁。当前防控体系存在多重短板：病虫害监测预警机制不完善，多数农户依赖肉眼观察发现病征，错失最佳防治时机；防治手段单一，过度依赖化学农药，不仅导致害虫抗药性增强，还引发农残超标风险，影响产品质量安全；统防统治覆盖率低，小农户分散经营模式下，技术服务难以统一落实，漏防、错防现象普遍，甚至因不当使用高毒农药导致枣园生态失衡，进一步加剧病虫害发生风险，形成防治难度逐年加大的恶性循环。

（五）机械化水平滞后

红枣生产各环节仍以人工操作为主，尤其是采收期劳动力需求集中，用工成本逐年攀升，且面临季节性用工短缺问题，严重影响生产效率。机械化推广受限于农艺与农机不匹配，现有采收、修剪等设备对不同种植模式适应性差，作业过程中果实损伤率高，而智能化程度较高的先进设备因购置成本昂贵，多数农户和中小型合作社难以负担，导致综合机械化率远低于棉花等其他农作物，生产环节的人工依赖成为产业降本增效的主要瓶颈。

（六）气候影响加剧

气候变化导致南疆极端天气事件频发，高温、暴雨等灾害性天气对红枣生长关键期造成直接冲击。花期持续高温易引发大量落花，成熟期突发降雨则导致裂果率上升，严重影响产量和商品果率。同时，暖冬现象提高了病虫害越冬存活率，使得虫害基数逐年增加，暴发频率和危害程度显著上升，传统防治措施效果大打折扣，气候因素已成为制约红枣稳产高产的重要不确定因素，对种植管理技术提出了更高要求。

（七）绿色认证推进慢

南疆有机红枣认证面积占比极低，主要受限于认证流程复杂、费用高昂，且需要连续多年投入以满足生产标准，小农户难以承担前期成本。同时，市场对有机红枣的品质认可和价格溢价尚未充分体现，农户在短期内难以看到收益提升，导致参与认证的积极性不高。此外，绿色生产理念普及不足，部分枣农对有机种植技术掌握不到位，在转换期面临产量波动风险，进一步阻碍了绿色有机认证的推广进程，不利于产业向高端化、品牌化方向发展。

二、加工环节的问题

（一）加工层次较低

南疆红枣加工企业以中小企业为主，超过九成停留在清洗、分级、烘干等初级加工阶段，产品形态单一，主要以原枣或简单加工的干枣形式销售，针对红枣功能性成分提取、精深加工制品开发的企业凤毛麟角。与河北沧州等先进加工产区相比，南疆红枣加工附加值挖掘不足，大量可用于生产枣粉、枣酱、枣保健品的资源被初级利用，产业整体处于价值链中低端，加工环节对产业增值的拉动作用未能有效发挥。

（二）技术创新不足

加工技术以传统热风烘干、人工分拣为主，冻干、超临界萃取等先进技术应用极少，导致枣果营养成分在加工过程中流失严重，功能性成分利用率低。企业普遍缺乏研发投入意识，研发经费占比远低于食品行业平均水平，产品创新能力薄弱，市场上同质化的初级加工品泛滥，针对不同消费场景的功能性食品、方便食品开发滞后，难以满足消费者对多元化、高品质红枣制品的需求，制约了产业升级发展。

（三）设备效能落后

多数加工企业设备使用年限超过10年，能耗高、效率低，自动化程度不足，人工分拣、包装等环节成本占比近三成。以枣粉生产为例，传统设备加工精度低，无法满足市场对超微粉的需求，而先进的智能化设备因投资成本高，企业更新换代动力不足。落后的设备不仅导致生产效率低下，还难以实现精准的质量控制，产品一致性差，在高端市场竞争中缺乏优势，严重影响加工环节的产能释放和品质提升。

（四）龙头企业缺乏

年加工能力超万吨的大型企业屈指可数，龙头企业规模小、带动力弱，尚未形成具有全国影响力的领军企业。与河南好想你枣业等知名企业相比，南疆加工企业在品牌建设、市场拓展、产业整合等方面存在明显差距，缺乏对上下游资源的整合能力，难以通过规模化采购降低原料成本，也无法通过终端市场渠道建设提升产品附加值，整个加工产业呈现"小散弱"的格局，制约了产业集群效应的形成。

（五）标准体系缺失

加工工艺和产品质量缺乏统一标准，不同企业的枣干含水率、杂质含量等关键指标差异较大，市场上产品质量参差不齐，消费者难以辨别优劣，导致整体信任度不高。因质量问题引发的退货、投诉事件频发，部分企业为降低成本甚至参与低价恶性竞争，进一步破坏市场秩序，使得优质产品难以获得合理溢价，严重挫伤企业提升质量的积极性，亟须建立覆盖加工全流程的标准化体系以规范产业发展。

三、市场销售环节的问题

（一）渠道依赖传统

红枣销售高度依赖中间商收购的传统模式，农户与终端市场直接对接的比例极低，价格形成机制中农户议价能力弱，收益空间被压缩。电商渠道虽有发展，但主要集中于传统平台，抖音直播、社区团购等新兴渠道开发不足，线上销售占比远低于农产品电商平均水平。线下实体渠道建设滞后，缺乏品牌体验店、直销专柜等终端触点，多元化销售网络尚未形成，制约了市场拓展和品牌传播。

（二）品牌影响力弱

南疆注册红枣品牌数量众多，但大多为区域性小品牌，年销售额过千万元的品牌寥寥无几，缺乏具有全国知名度的领军品牌。区域公用品牌建设滞后，"新疆红枣"地理标志认证尚未完成，消费者对南疆红枣的整体认知停留在"新疆特产"层面，缺乏对具体产区、品种优势的深入了解，品牌溢价能力不足，优质产品难以通过品牌价值实现价格提升，市场竞争力主要依赖成本优势，而非品牌和品质优势。

（三）市场秩序混乱

由于缺乏统一的红枣分级标准，市场上特级枣与一级枣混售现象普遍，优质果与普通果价格差异微小，无法体现品质差异，严重打击农户提升种植管理水平的积极性。部分企业为追求短期利益，存在以次充好、滥用食品添加剂等行为，进一步加剧市场信任危机，形成"优质不优价、劣币驱逐良币"的不良循环，亟须通过标准化分级和质量监管重构市场秩序。

（四）物流成本高企

南疆地处西北边陲，距离东部消费市场路途遥远，红枣运输主要依赖公路物流，成本占销售价格比例较高。鲜枣对冷链物流需求迫切，但冷链基础设施薄弱，覆盖率低，运输过程中损耗率高，与山东、河北等产区相比，物流环节的成本和损耗严重削弱了南疆红枣的市场竞争力。此外，仓储设施不足，缺乏专业化的保鲜仓储，导致红枣集中上市期价格波动大，企业和农户面临较大的市场风险。

（五）国际市场开拓不足

红枣出口量占总产量比例极低，且以原料枣为主，深加工制品出口几乎空白，在国际市场上的存在感较弱。与伊朗椰枣、土耳其杏干等特色农产品相比，南疆红枣尚未针对中亚、中东等目标市场进行产品适配和品牌推广，国际市场准入认证进展缓慢，文化差异和贸易壁垒加剧了开拓难度，使得丰富的红枣资源未能转化为国际市场竞争优势,出口创汇潜力亟待挖掘。

第二节　南疆红枣产业发展建议和对策

针对上述问题,需从三次产业协同发展角度出发,通过优化种植结构、提升加工能力、拓展市场渠道等措施,推动红枣产业高质量发展。

一、种植环节对策

(一)优化品种结构

实施"三梯队"品种发展战略:第一梯队巩固"骏枣""灰枣"等传统优势品种,通过提纯复壮、改良栽培技术提升果实品质和抗逆性,稳定核心产区产量;第二梯队重点推广"七月鲜""冬枣"等鲜食品种,建设规模化示范基地,配套高效栽培技术,满足市场对鲜食枣的多样化需求;第三梯队联合科研机构开展抗病性强、富含环磷酸腺苷(cAMP)等功能成分的新品种研发,建立基因编辑实验室和种苗繁育中心,通过政策补贴引导农户有序更新品种,逐步构建多元化、多层次的品种体系,增强产业抗风险能力。

(二)推广标准种植

制定涵盖行距设置、树形培养、水肥管理、修剪技术等关键环节的《矮密枣园标准化技术规程》,强制推行适宜机械化作业的宽行密植模式,配套推广水肥一体化、无人机植保等先进技术,提高田间管理效率和精准度。建立"合作社+农户"的技术托管服务模式,由专业团队提供统一修剪、施肥、病虫害防治等服务,降低农户技术操作门槛。通过建设千亩级标准化示范园,发挥标杆带动作用,辐射推广标准化种植技术,逐步实现种植环节的规范化、科学化,为机械化和智能化生产奠定基础。

(三)提升土壤肥力

启动"有机肥替代行动计划",加大对有机肥生产企业的扶持力度,在和田、喀什等主产区建设大型有机肥加工厂，利用当地畜禽粪污资源生产有机肥料，降低运输成本。推行"畜—沼—枣"循环农业模式，引导农户将畜禽粪便转化为沼气和有机肥，实现资源循环利用。通过政府补贴鼓励枣农减少化肥使用，对连续3年施用有机肥的枣园给予直接补贴，逐步提高土壤有机质含量，改善土壤结构，增强枣树抗逆能力和果实品质，从根本上修复枣园生态环境，保障产业可持续发展。

（四）强化病虫害防控

构建"天地空"一体化病虫害监测网络，在主产区布设智能虫情测报灯、气象监测站等设备，利用大数据分析实现病虫害预测预警，提高防治工作的前瞻性。推广生物防治、物理防治等绿色防控技术，建设赤眼蜂等天敌昆虫繁育基地，减少化学农药使用量。建立统防统治扶持政策，对规模化开展病虫害统防统治的服务组织给予补贴，鼓励合作社、龙头企业牵头组织区域化联防联控，提升防治效率和效果，降低农残风险，保障红枣质量安全，推动产业向绿色有机方向转型。

（五）推进全程机械化

针对不同种植模式开展专用机械研发，重点突破密植园适用的低损伤采收机、智能修剪机器人等设备瓶颈，通过政府补贴降低农户和企业购置成本。在主要产区建设区域性农机服务中心，提供"耕、种、管、收"全环节机械化托管服务，推动农机与农艺深度融合。建立机械化技术推广示范基地，展示先进设备作业效果，引导农户接受机械化生产方式，逐步提高红枣生产的综合机械化率，降低对人工劳动力的依赖，提升生产效率和经济效益。

二、加工环节对策

（一）延伸加工链条

聚焦功能食品、方便食品、生物制品三大方向，引导企业加大精深加工投入。开发枣肽口服液、枣膳食纤维等功能性产品，满足健康消费需求；发展冻干枣块、即食枣粉等方便食品，拓展休闲零食市场；探索枣酵素、枣多糖提取物等生物制品, 进军医药保健领域。设立专项产业基金, 对精深加工项目给予设备购置补贴和研发费用加计扣除, 鼓励企业与科研机构合作建立研发中心, 突破关键技术瓶颈, 提高红枣资源利用率和加工附加值, 构建"初级加工保基础、精深加工提效益"的多层次加工体系。

（二）升级技术装备

实施"设备换芯"工程, 制定落后设备淘汰目录, 对更换高效节能、智能化设备的企业给予贴息贷款和税收优惠, 引导中小企业加快设备更新。在阿拉尔等加工集中区建设红枣加工技术研究院, 联合江南大学、中国农科院等单位开展冻干技术、超高压灭菌等关键技术攻关, 推广智能化生产线和质量管控系统, 提高加工过程的自动化、精准化水平。建立技术交流平台, 定期举办加工技术培训班和设备展览会, 促进先进技术和装备的普及应用, 提升产业整体加工效能。

（三）培育龙头企业

通过政策引导推动加工企业兼并重组, 重点扶持天海绿洲、西域果园等基础较好的企业, 打造年产值超10亿元的龙头企业集团。对龙头企业在土地审批、税收减免、项目申报等方面给予优先支持, 鼓励其建设智能仓储中心、冷链物流基地和全国营销网络。引导龙头企业发挥技术、资金和市场优势, 与合作社、农户建立紧密的利益联结机制, 通过订单农业、保底收购等方式稳定原料供应, 带动中小企业协同发展, 形成"龙头引领、集群发展"的加工产业格局。

三、市场销售环节对策

（一）拓展多元渠道

线上实施"电商赋能计划", 与抖音、快手等平台合作开展"红枣主播"培训, 培育本土网红带货团队, 打造"产地直供"直播场景, 提升消费者体验感; 搭建跨境电商平台, 对接中亚、中东等国际采购商, 开拓"一带一路"沿线市场。线下在北上广深等核心城市建设"新疆红枣"品牌体验店, 入驻高端商超设立专柜, 举办红枣文化节、品鉴会等活动, 增强品牌触达率。构建"线上直播引流+线下体验转化+跨境电商拓展"的多元化渠道体系，提高市场覆盖广度和深度。

（二）加强品牌建设

加快"新疆红枣"地理标志认证进程，制定涵盖品种、种植、加工、质量等方面的"五统一"标准，建立品牌准入和退出机制，确保品牌使用的规范性和严肃性。遴选具有一定规模和实力的企业作为品牌授权使用单位，提供品牌建设补贴和市场推广支持，引导企业在包装设计、文化内涵挖掘、质量追溯体系建设等方面下功夫。通过央视广告、高铁冠名、社交媒体营销等多种方式开展品牌传播，讲好南疆红枣的产地故事，提升品牌知名度和美誉度，实现从"区域特产"到"全国品牌"的跨越。

（三）完善物流体系

在库尔勒、喀什、和田等主产区布局万吨级冷链物流枢纽，配备智能化速冻库和全程温控系统，提高鲜枣保鲜能力。与铁路、公路运输企业合作开通"红枣专列"和物流专线，优化运输路线，降低物流成本。支持企业建设分布式仓储中心，利用大数据预测市场需求，实现红枣错峰销售和精准配送。加强与顺丰、京东等物流企业合作，推广"产地仓+销地仓"模式，缩短供应链条，降低运输损耗，提升物流效率和服务质量，增强市场响应能力。

（四）开拓国际市场

针对中亚、中东、东南亚等目标市场，开展市场调研和产品适配，开发符合当地消费习惯的清真认证、有机认证产品。在阿拉木图、迪拜、曼谷等城市设立海外仓，解决跨境物流"最后一公里"问题。组织企业参加国际食品展会，借助驻外经商机构、行业协会等渠道对接国际采购商，建立长期合作关系。制定出口专项扶持政策，对获得国际认证、参加境外展会的企业给予补贴，支持企业开展国际商标注册和知识产权保护，逐步提升南疆红枣在国际市场的竞争力和占有率，实现"产品走出去、品牌树起来"的目标。

通过上述对策的实施，有望破解南疆红枣产业发展中的瓶颈问题，推动产业向标准化、绿色化、品牌化方向转型升级，实现经济效益与可持续发展能力的双提升。

附录1

涉及红枣的企业情况统计表

序号	名称	地州	主营产品（项目）	品牌
1	新疆果业集团有限公司	乌鲁木齐市	红枣、苹果、香梨、杏、哈密瓜、葡萄、葡萄干、核桃	西域果园、果叔
2	德汇好物科技股份有限公司	乌鲁木齐市	红枣、核桃	德汇好物
3	新疆果业大唐丝路电子商务有限公司	乌鲁木齐市	红枣、阿克苏苹果、库尔勒香梨、葡萄、杏、核桃、葡萄干、杏干	西域果园、丝路宝典
4	新疆西域传奇网络科技有限公司	乌鲁木齐市	红枣、树上干杏、无花果、葡萄、苹果、核桃等产品	天门果缘、楼兰村尚、西域香都
5	乌鲁木齐众和商联贸易有限公司	乌鲁木齐市	红枣、核桃	
6	吐鲁番双枫农业开发有限公司	吐鲁番市	红枣	
7	新疆吐鲁番火洲果业股份有限公司	吐鲁番市	红枣、鲜食葡萄、哈密瓜、葡萄干、哈密瓜干	火洲游记、火洲良品、火洲小巴郎
8	吐鲁番金澳果业有限公司	吐鲁番市	红枣干、红枣、冻干桑葚、冻干杏子、冻干哈密瓜	枣传情、海龙娃
9	鄯善宇润生态农业有限公司	吐鲁番市	红枣	雅歌蜜
10	新疆吐鲁番果业有限公司	吐鲁番市	红枣、葡萄干、核桃	
11	吐鲁番枣尔康农业科技开发有限责任公司	吐鲁番市	枣夹核桃、红枣	高昌贡
12	新疆鄯善宇润生态农业有限公司	吐鲁番市	红枣	雅歌蜜
13	新疆金润枣业股份有限公司	吐鲁番市	干制红枣、蜜饯	锦好枣园

续表

序号	名称	地州	主营产品（项目）	品牌
14	新疆众鲜网络科技有限公司	吐鲁番市	红枣、葡萄、哈密瓜、杏子、葡萄干等干鲜果品及其他新疆特产	
15	科林特色林果发展有限公司	塔城地区	红枣	
16	新疆早上好生态农业科技有限公司	克州	红枣、无花果、木纳格、哈密瓜等冻干果品	零冻、阿图食家
17	新疆疆来美农业科技有限公司	喀什地区	干坚果销售、烘焙类糕点	
18	喀什市阿瓦提桃子之乡农副产品保鲜农民专业合作社	喀什地区	石榴、油桃、红枣	
19	新疆坤杰农业开发有限公司	喀什地区	红枸杞、红枣、香梨	
20	新疆南疆果业有限公司	喀什地区	红枣	
21	喀什大叔农业科技有限公司	喀什地区	农副产品销售	
22	新疆西圣果业有限责任公司	喀什地区	红枣、杏、新梅干	
23	喀什疆果果农业科技有限公司	喀什地区	红枣、核桃、杏子、西梅、干果坚果	
24	新疆瑶台生态农业有限公司	喀什地区	红枣干	
25	新疆天南生态农业农民专业合作社	喀什地区	旅游、杏、红枣、樱桃、新梅采摘园	
26	疏勒县阿纳（石榴）干红酒业有限公司	喀什地区	红枣酒	
27	喀什遇见您农牧食品科技有限公司	喀什地区	核桃、红枣	
28	新疆沐春农工牧商农村扶贫开发农民专业合作社	喀什地区	各类干果	
29	英吉沙县神寿红枣农民专业合作社	喀什地区	红枣	
30	泽普县亚新农产品开发有限公司	喀什地区	西梅、红枣	
31	新疆闽龙达干果产业有限公司	喀什地区	红枣、苹果	

序号	名称	地州	主营产品（项目）	品牌
32	泽普县欣新农产品农民专业合作社	喀什地区	核桃、红枣	
33	泽普县宏鑫果品农民专业合作社	喀什地区	红枣、核桃	
34	泽普县鑫泰果业有限公司	喀什地区	红枣、核桃	
35	泽普县昆仑北坡农民专业合作社	喀什地区	红枣、核桃、红枣酒	
36	泽普县新鼎果业农民专业合作社	喀什地区	红枣、核桃	
37	泽普县金湖杨土地扶贫开发有限责任公司	喀什地区	土地租赁、红枣核桃种植、肉类	
38	泽普县丽农果品农民专业合作社	喀什地区	核桃、红枣	
39	泽普县新川果业农民专业合作社	喀什地区	红枣、核桃	
40	泽普县润疆林果农民专业合作社	喀什地区	红枣、核桃	
41	泽普县泽润果蔬农民专业合作社	喀什地区	红枣、核桃、蔬菜	
42	泽普县云隆果品农民专业合作社	喀什地区	核桃、红枣	
43	泽普县美彩农产品农民专业合作社	喀什地区	核桃、核桃仁、红枣	
44	泽普县闵疆食品有限公司	喀什地区	核桃、红枣、苹果、核桃片	
45	泽普县润泽农业产业发展有限公司（金凤泽普农业发展投资有限公司）	喀什地区	核桃、红枣（枣仁派）、苹果（产品多，脆片）	
46	新疆泽普县农乐园农业有限公司	喀什地区	核桃、红枣、苹果	
47	泽普县绿洲农产品销售农民专业合作社	喀什地区	西梅、红枣、核桃	
48	新疆喀什果业有限公司	喀什地区	红枣、核桃、巴旦木收购和初加工	
49	新疆阿尔斯兰农业发展有限责任公司	喀什地区	巴旦木、核桃、红枣每日坚果包装销售（疆莎牌）	

序号	名称	地州	主营产品（项目）	品牌
50	莎车丝露果香电子商务服务有限公司	喀什地区	巴旦木红枣豆浆粉、巴旦木、红枣、核桃；西梅、苹果等鲜果	
51	喀什亚西颂食品有限公司	喀什地区	驼奶馕、玉米馕、无核西梅干、古树杏干、红香妃、沙田丑枣	
52	莎车县阿买提农副产品农民专业合作社	喀什地区	巴旦木、核桃、红枣、杏干购销初加工、桃子去核	
53	叶城西域果叔电商供应链有限公司	喀什地区	核桃、红枣收购销售	
54	叶城县予鑫农林科技开发有限责任公司	喀什地区	红枣种植及初加工	
55	麦盖提县宏伟果蔬枣业有限公司	喀什地区	果蔬冻干	
56	麦盖提刀郎果农农副产品有限公司	喀什地区	红枣加工	
57	麦盖提县红日乐友果业有限公司	喀什地区	红枣加工	
58	新疆大漠丰源农业科技有限公司	喀什地区	水果、蔬菜、无花果	
59	麦盖提县润丰种植业农民专业合作社	喀什地区	红枣、枸杞加工	
60	新疆慧玲农业科技有限公司	喀什地区	红枣酒	
61	麦盖提果叔生态农业供应链有限公司	喀什地区	红枣加工	
62	新疆沧信食品科技有限公司	喀什地区	红枣加工	
63	麦盖提县庆丰农林科技开发有限责任公司	喀什地区	红枣加工	
64	喀什沙枣食品有限公司	喀什地区	红枣酒	
65	新疆国顺农业科技有限公司	喀什地区	红枣酒	
66	麦盖提县红色金土地种植农民专业合作社	喀什地区	红枣加工	
67	麦盖提县杰品种植农民专业合作社	喀什地区	核桃、红枣	

序号	名称	地州	主营产品（项目）	品牌
68	新疆创锦果业有限责任公司	喀什地区	红枣加工	
69	新疆鑫疆红果业有限公司	喀什地区	红枣加工	
70	新疆伊朴香生物开发有限公司	喀什地区	果蔬冻干	
71	新疆绿丹食品有限责任公司	喀什地区	红枣	
72	喀什新鑫果业有限公司	喀什地区	红枣	
73	岳普湖县大漠绿洲红枣农民专业合作社	喀什地区	红枣、西梅	
74	新疆木琼瑶农业科技有限公司	喀什地区	红枣、核桃等	
75	新疆一派果业有限责任公司	喀什地区	红枣	
76	岳普湖德汇好物农业科技有限公司	喀什地区	鲜果流通	
77	新疆拓疆鸿果业有限公司	喀什地区	红枣、果品	
78	新疆红满疆果业有限公司	喀什地区	红枣、果品	
79	新疆疆鲁一家食品有限公司	喀什地区		
80	伽师县西域果业有限公司	喀什地区	新梅干、伽师瓜干、红枣	
81	喀什长远农业科技有限公司	喀什地区	红枣、核桃	
82	巴楚县伊合散农业专业合作社	喀什地区	水果和坚果加工	
83	巴楚县绿色天地核桃专业合作社	喀什地区	（切糕）15万吨	
84	巴楚县华宇红枣专业合作社	喀什地区	红枣	
85	新疆疆来美农业科技有限公司	喀什地区	干坚果销售、烘焙类糕点	
86	喀什市阿瓦提桃子之乡农副产品保鲜农民专业合作社	喀什地区	石榴、油桃、红枣	
87	和田神驰绿色食品加工有限公司	和田地区	红枣、核桃	

序号	名称	地州	主营产品（项目）	品牌
88	墨玉县昊坤农业开发有限责任公司	和田地区	红枣、核桃	
89	新疆嘉兴泰禾现代农业有限公司	和田地区	红枣	
90	和田东川农业科技开发有限公司	和田地区	红枣	金沙传奇
91	新疆和田果之初食品股份有限公司	和田地区	红枣、核桃、核桃乳、核桃油、休闲食品	玉核、果之初
92	和田坤元农业科技开发有限公司	和田地区	红枣、核桃	金世缘、坤元农科
93	新疆五洲基业投资有限公司	和田地区	红枣	西域公社
94	墨玉县永鸿农业科技有限公司	和田地区	红枣、核桃	漠域之韵
95	和田早上农业开发有限公司	和田地区	红枣、核桃	早上农业
96	和田圣果源农业科技开发有限公司	和田地区	红枣、葡萄	康瑞奇、天庭盛果
97	新疆玉龙枣园农业科技有限公司	和田地区	红枣、枸杞、核桃	漠昆庄园
98	新疆疆南庄园生物科技有限公司	和田地区	红枣	鹤思
99	和田甜蜜蜜果业有限公司	和田地区	红枣	甜蜜蜜
100	和田红紫薇枣业有限公司	和田地区	红枣	荒漠甘果
101	和田玫瑰枣业有限公司	和田地区	红枣	珨牌、小包家
102	新疆阖家鑫农业科技开发有限公司	和田地区	红枣	阖家鑫、枣贡品、馥郁香
103	和田吴焕宇枣业有限公司	和田地区	红枣	吴焕宇
104	和田京港果业开发有限公司	和田地区	红枣、枣干、红枣制品	沙吻枣、京港果业、和阗客滋乐、京港小巨蛋
105	于田县美玉香馕文创发展有限责任公司	和田地区	红枣、葡萄干、馕、切糕、核桃	
106	新疆和田市富达林果业科技开发有限公司	和田地区	红枣的种植、批发及零售	西域仙果
107	和田益生果园农业开发有限公司	和田地区	红枣、核桃、坚果类	

续表

序号	名称	地州	主营产品（项目）	品牌
108	和田昆仑山枣业股份有限公司	和田地区	红枣加工	大漠玉
109	新疆沙迪克农业发展有限公司	和田地区	红枣、核桃、水果	
110	新疆大漠丝路红林果业有限公司	和田地区	红枣	丝路红
111	和田漠兰庄园果业有限公司	和田地区	红枣	"漠兰庄园"
112	新疆嘉鑫泰禾现代农业有限公司	和田地区	红枣	
113	新疆和田阳光沙漠玫瑰有限公司	和田地区	红枣、玫瑰精油、玫瑰花水、馕产品	"阳光沙漠"
114	皮山县和睦家农业开发有限公司	和田地区	红枣、杏干、杏仁、核桃玛仁糖、葡萄干、果酱	
115	新疆苁蓉堂生物科技有限公司	和田地区	红枣、花肉苁	
116	新疆驼队电子商务有限公司	和田地区	红枣、核桃、葡萄干、小白杏、甜瓜、糖心苹果、库尔勒香梨、石榴等应季水果	
117	新疆和田果业有限公司	和田地区	红枣、核桃	
118	洛浦县好上好干果有限责任公司	和田地区	核桃、红枣	
119	新疆沙漠枣业有限公司	和田地区	红枣	"沙天红""阿日希""策果田园""沙漠种枣人"
120	新疆鑫园金果农业开发有限公司	和田地区	骏枣、灰枣、核桃、葡萄干	
121	新疆兴翔果业有限公司	和田地区	枣夹核桃、和田骏枣、灰枣	兴翔
122	新疆优硕农业科技发展有限责任公司	和田地区	红枣、核桃、葡萄干等新疆干、坚果	
123	和田县三和红枣农产业公司	和田地区	红枣	
124	新疆昆仑绿源农业科技发展（集团）有限责任公司	和田地区	红枣、瓜果	

序号	名称	地州	主营产品（项目）	品牌
125	新疆客来木农产品有限责任公司	和田地区	红枣、核桃、核桃仁、葡萄干	
126	三主粮（和田）实业股份有限公司	和田地区	核桃、红枣仓储研发、初深加工	
127	哈密昆莫农副产品有限公司	哈密市	红枣、葡萄干	
128	哈密市新雅有限责任公司	哈密市	红枣、葡萄	
129	哈密长征有限责任公司	哈密市	红枣、葡萄	
130	新疆唱歌的果食品股份有限公司	哈密市	大枣、哈密瓜、桑椹冻干	
131	哈密市新哈果品有限责任公司	哈密市	大枣、葡萄干、哈密瓜干	新哈农场、新哈、新哈庄园
132	新疆大唐西域食品开发有限公司	昌吉州	红枣类、核桃、葡萄干、冻干果蔬、冻干酸奶、冻干沙棘	
133	新疆丰谷一路农业科技有限公司	昌吉州	红枣粥	
134	新疆雪山果园食品有限公司	昌吉州	红枣、葡萄干、核桃、巴旦木	雪山果园、西域之恋
135	新疆小金牛食品股份有限公司	昌吉州	红枣乳、枸杞乳、巴旦木乳	
136	巴州宏强农业科技开发有限责任公司	巴州	红枣	
137	若羌春立枣业有限责任公司	巴州	红枣	春立红枣
138	库尔勒沁知园生物科技有限公司	巴州	红枣膏、香梨膏	
139	库尔勒新华果业有限责任公司	巴州	红枣、香梨、苹果	
140	新疆且末小宛有机农产品有限责任公司	巴州	有机红枣	天边小宛
141	若羌羌鑫农业发展有限公司	巴州	红枣	千年胡杨
142	巴州戈壁枣业有限责任公司	巴州	红枣	戈壁庄园
143	新疆楼兰霞霏斯农业发展有限公司	巴州	红枣	楼兰、霞霏斯

续表

序号	名称	地州	主营产品（项目）	品牌
144	新疆长安绿色沙漠果业有限公司	巴州	红枣	绿色沙漠、古城新楼兰
145	新疆天鹏农业科技有限公司	巴州	红枣、核桃、葡萄干等	鹏之禾
146	新疆楼兰红宝枣业有限公司	巴州	红枣	冰兰贵族
147	和静天富生态果业有限责任公司	巴州	红枣、核桃	哂经岛
148	新疆春鹏农业科技有限公司	巴州	红枣	春鹏红枣
149	库尔勒康庄农业开发有限公司	巴州	红枣葡萄、葡萄酒、香梨、香梨酒	
150	若羌金銮生物科技有限责任公司	巴州	冻干红枣、冻干黑枸杞、冻干哈密瓜、冻干桑葚、冻干蟠桃等	
151	和静天源林果业开发有限责任公司	巴州	红枣、美国杏李（恐龙蛋）、苹果	大红祥
152	新疆楼兰果业股份有限公司	巴州	红枣	"楼兰，楼兰天使，天下好友"
153	新疆羌都枣业股份有限公司	巴州	红枣	羌都、枣树十年
154	若羌果叔农业有限公司	巴州	红枣、枣泥	
155	新疆营在亿田生态农业有限公司	巴州	枣、桃等高端有机水果	
156	巴州锦洋农业发展有限公司	巴州	酸枣、小香枣	哈喽
157	新疆黑果枸杞生物科技有限公司	巴州	冻干红枣、冻干黑枸杞、冻干桑葚、冻干西梅、冻干杏等	愿臻
158	库尔勒龙之源药业有限责任公司	巴州	秋梨润肺膏、大枣、板蓝根颗粒、小儿咳喘灵口服液等	龙之源、"维萃"
159	库尔勒金海枣业有限公司	巴州	红枣	
160	巴州联丰枣业有限公司	巴州	红枣	
161	巴州雪润成枣业有限公司	巴州	红枣	
162	新疆希望果业开发有限公司	巴州	红枣、核桃	

续表

序号	名称	地州	主营产品（项目）	品牌
163	库尔勒汇果农业科技有限公司	巴州	红枣、核桃、葡萄干等	
164	库尔勒天山神龙果业有限公司	巴州	红枣、核桃、葡萄干等	
165	库尔勒国色天香梨业有限公司	巴州	红枣、核桃、葡萄干等	
166	新疆红珊瑚枣业有限公司	巴州	红枣、核桃、其他干果等	
167	若羌富硒科技有限公司	巴州	红枣	戈壁老王、若园
168	新疆羌域食品生物科技有限责任公司	巴州	红枣饮料、红枣酵素、红枣果酒	羌域
169	新疆枣乡源酒业有限公司	巴州	红枣酒	羌枣乡源
170	新疆汇康农业科技开发有限公司	巴州	香梨膏、香梨酵素、香梨红枣膏等	漠珍源、五谷先帝
171	新疆百睦加食品有限公司	阿克苏地区	红枣醋	
172	新和田中园农业科技开发有限公司	阿克苏地区	核桃、红枣	
173	阿克苏大漠胡杨韵优农有限公司	阿克苏地区	红枣、蜂蜜、罗布麻茶、黑枸杞、核桃	昕翌、大漠胡杨韵、胡杨神
174	阿克苏塞外红农产品发展有限公司	阿克苏地区	红枣、苹果、香梨、核桃	西疆红
175	阿克苏天山神木果业发展有限责任公司	阿克苏地区	红枣、核桃、香梨、苹果、蜂蜜、梨宝膏、苹果膏、	天山神木
176	新疆源兴金泰农产品有限公司	阿克苏地区	红枣、香梨、苹果、核桃	源兴果品、源兴金果
177	阿瓦提叶河果业有限公司	阿克苏地区	红枣、核桃、葡萄干、红枸杞、吊干杏、苹果、香梨等	漠皇、敬口
178	阿克苏月亮湖果业有限责任公司	阿克苏地区	红枣、核桃	戈壁缘
179	阿克苏林丰枣业有限责任公司	阿克苏地区	红枣、核桃	天戈红
180	阿克苏宗宝园艺科技有限责任公司	阿克苏地区	红枣、苹果、核桃	西域神
181	新疆塔漠果源商贸有限公司	阿克苏地区	红枣、核桃、其他干鲜果	塔漠果源
182	阿瓦提县塔河源枣业有限责任公司	阿克苏地区	红枣、核桃	鹏鑫

序号	名称	地州	主营产品（项目）	品牌
183	柯坪县供销农业发展有限公司	阿克苏地区	红枣、杏	恰好食
184	阿克苏联佳果品有限公司	阿克苏地区	红枣、苹果、香梨、西梅、杏	联佳
185	新和果叔生态农业供应链有限公司	阿克苏地区	红枣、核桃	果叔
186	新疆果域城农业科技发展有限公司	阿克苏地区	红枣、核桃、苹果、香梨、巴旦木	果域城、百合祖丽
187	阿克苏裕农果业有限公司	阿克苏地区	红枣、核桃	新疆果业
188	阿克苏彩虹果业有限公司	阿克苏地区	红枣、核桃	果域乡疆
189	新疆天下福生物科技有限公司	阿克苏地区	红枣、核桃	阿克苏魁宝
190	阿瓦提县塔河林果业开发有限责任公司	阿克苏地区	红枣	刀郎部落
191	新疆昆仑情农业科技有限责任公司	阿克苏地区	红枣	昆仑情
192	新疆阿克苏果业有限责任公司	阿克苏地区	红枣、核桃、苹果	
193	阿克苏西域惠农电子商务供应链有限公司	阿克苏地区	红枣、核桃、苹果、水果制品、炒货食品及坚果制品	
194	阿克苏佳农枣业有限公司	阿克苏地区	红枣	
195	新疆乐优食品有限公司	阿克苏地区	红枣、核桃	阳光悠然
196	阿克苏新圣源果业股份有限公司	阿克苏地区	红枣、核桃、苹果、梨子	倍力健、好果子
197	阿克苏新天地果品有限责任公司	阿克苏地区	红枣、核桃	
198	库车干甜甜果品有限公司	阿克苏地区	红枣	干甜甜
199	新疆西皇臻品果业有限公司	阿克苏地区	红枣、核桃、鲜果	西皇臻品
200	库车绿源珍果农业有限责任公司	阿克苏地区	红枣、香梨、核桃、小白杏	缘疆记
201	新疆丽耕农业科技发展有限责任公司	阿克苏地区	红枣、核桃、香梨、苹果、葡萄干	都护臻品
202	阿克苏天山泉果业有限责任公司	阿克苏地区	红枣、核桃	天山泉

序号	名称	地州	主营产品（项目）	品牌
203	温宿县宏丰农业发展有限责任公司	阿克苏地区	红枣、苹果、核桃、棉花	天山虹
204	温宿永丰农业发展有限责任公司	阿克苏地区	红枣、苹果、核桃、香梨	永盛
205	温宿县金太阳果业农民专业合作社	阿克苏地区	红枣、核桃	天山泉
206	新疆疆龙农业开发有限公司	阿克苏地区	红枣、核桃、阿胶、阿胶糕、阿胶粉	疆龍
207	阿瓦提多浪红枣果品有限责任公司	阿克苏地区	红枣	边疆情
208	阿克苏柯坪县红沙河农产品发展有限公司	阿克苏地区	红枣、杏制品、甜瓜等果品的包装、加工、储存、销售	"红沙河""黄蜜"
209	阿克苏聚源农业发展有限责任公司	阿克苏地区	红枣、苹果、香梨、核桃	
210	乌什县帅骆驼果业有限公司	阿克苏地区	红枣、核桃	
211	新疆浙疆果业有限公司	阿克苏地区	红枣、核桃加工产品	浙疆果
212	阿克苏格林凯生态果业有限公司	阿克苏地区	红枣、核桃、苹果、葡萄干	
213	阿克苏刀郎果业有限公司	阿克苏地区	红枣	刀郎
214	新疆红森林果业有限公司	阿克苏地区	红枣	红森林、森林果浓、王林苹果、西域泉、西域维纳斯、枣味道、枣传承
215	阿克苏地区天山果业有限公司	阿克苏地区	红枣、核桃、苹果、梨子	
216	阿克苏地区天山枣业有限责任公司	阿克苏地区	苹果、香梨、红枣	
217	阿克苏戈壁玉果业有限公司	阿克苏地区	红枣	戈壁玉
218	阿克苏果叔生态农业供应链有限公司	阿克苏地区	红枣、核桃、苹果、香梨	果叔、西域果园、臻味
219	阿克苏恒丰源林果业有限公司	阿克苏地区	红枣、香梨、苹果	
220	阿克苏康盛源果品有限公司	阿克苏地区	红枣、核桃、苹果、梨子	

续表

序号	名称	地州	主营产品（项目）	品牌
221	阿克苏世纪中天实业发展有限公司	阿克苏地区	红枣、核桃、香梨、苹果	
222	阿克苏市安利达果业有限责任公司	阿克苏地区	红枣、香梨、苹果、核桃、哈密瓜、杏子	
223	阿克苏市天一果业有限公司	阿克苏地区	红枣、核桃、苹果、香梨	
224	阿克苏市温馨园果业有限公司	阿克苏地区	红枣、核桃	
225	阿克苏市西域永丰果业有限责任公司	阿克苏地区	红枣、核桃、苹果、香梨	
226	阿克苏市新天果业有限责任公司	阿克苏地区	红枣、核桃、苹果	
227	阿克苏市永祥果业有限公司	阿克苏地区	红枣、核桃、苹果、梨子	
228	阿克苏天山神木生态农业科技有限公司	阿克苏地区	红枣、核桃、香梨、苹果、蜂蜜、梨宝膏、苹果膏	天山神木
229	阿克苏友谊果业有限公司	阿克苏地区	红枣、核桃、苹果、梨子	
230	温宿县绿缘果业有限责任公司	阿克苏地区	苹果、红枣、核桃、香梨	香田果缘
231	新疆塔河明珠果业有限公司	阿克苏地区	红枣、核桃	果有缘
232	温宿塞帕尔农业科技有限责任公司	阿克苏地区	红枣、苹果、香梨	
233	温宿县康康果业有限公司	阿克苏地区	红枣、苹果	
234	新疆阿克苏红旗坡农业发展集团有限公司	阿克苏地区	红枣、苹果、香梨、核桃、苹果酒、苹果冻干系列	红旗坡
235	新疆艾力努尔农业科技开发有限公司	阿克苏地区	红枣	
236	新疆百草味农业科技发展有限公司	阿克苏地区	红枣、桃核、葡萄干	
237	新疆大华元农业开发有限责任公司	阿克苏地区	红枣	
238	新疆姑墨臻源果业有限责任公司	阿克苏地区	红枣、烘焙核桃	
239	阿克苏金物联电子商务有限公司	阿克苏地区	红枣粉、核桃多肽、果酱	
240	新疆众鑫果品有限责任公司	阿克苏地区	红枣	

续表

序号	名称	地州	主营产品（项目）	品牌
241	中枣枣业有限责任公司	阿克苏地区	红枣、核桃、黑木耳	
242	阿克苏豫疆缘农业科技开发有限公司	阿克苏地区	红枣、核桃、苹果、香梨	
243	阿克苏鲜丰水果有限公司	阿克苏地区	红枣、小白杏、香梨、苹果、西梅、核桃	
244	温宿县玖七玖农副产品有限公司	阿克苏地区	红枣、核桃	

附录2

枣相关标准

1.《新疆冬枣安全生产、贮藏保鲜技术指南》（T／XAASS 008—2023）

2.《红枣全链条质量控制检测指标体系》（T／AFFI 036—2023）

3.《"新疆品质"特色产品技术规范 红枣》（T／XJZJXH NS100035—2023）

4.《优质红枣质量评价技术规范》（T／XAASS 003—2023）

5.《"尼雅蟠枣"绿色生产技术规程》（Q／YMNY 01—2023）

6.《枣品种 蛤蟆枣1号》（T／XJHZ 4—2022）

7.《蛤蟆枣1号果实质量等级》（T／XJHZ 6—2022）

8.《蛤蟆枣1号栽培技术规程》（T／XJHZ 5—2022）

9.《七月鲜枣果实质量等级》（T／XJHZ 3—2021）

10.《枣品种 七月鲜》（T／XJHZ 1—2021）

11.《七月鲜枣栽培技术规程》（T／XJHZ 4—2021）

12.《若羌红枣标准体系总则》（DBN6528／T 026—2019）

13.《若羌灰枣品种》（DBN6528／T 027—2019）

14.《羌灰1号品种》（DBN6528／T 155—2019）

15.《羌灰2号品种》（DBN6528／T 156—2019）

16.《羌灰3号品种》（DBN6528／T 157—2019）

17.《若羌冬枣品种》（DBN6528／T 034—2019）

18.《骏枣品种》（DBN6528／T 158—2019）

19.《若羌红枣育苗技术规程》（DBN6528／T 029—2019）

20.《若羌灰枣栽培技术规程》（DBN6528 / T 030—2019）

21.《若羌红枣有害生物防治技术规程》（DBN6528 / T 032—2019）

22.《若羌红枣园改造技术规程》（DBN6528 / T 033—2019）

23.《若羌红枣自然灾害预防技术规程》（DBN6528 / T 153—2019）

24.《若羌红枣枣园规划与建立技术规程》（DBN6528 / T 154—2019）

25.《有机食品若羌红枣生产技术规程》（DBN6528 / T 1—2019）

26.《羌灰1号栽培技术规程》（DBN6528 / T 159—2019）

27.《羌灰2号栽培技术规程》（DBN6528 / T 160—2019）

28.《羌灰3号栽培技术规程》（DBN6528 / T 161—2019）

29.《骏枣栽培技术规程》（DBN6528 / T 162—2019）

30.《骏枣矮化密植栽培技术规程》（DBN6528 / T 163—2019）

31.《若羌红枣（原料枣）质量分级》（DBN6528 / T 003—2019）

32.《地理标志产品若羌红枣》（DB65 / T 3461—2015）

33.《若羌红枣采收、制干、贮藏技术规程》（DBN6528 / T 037—2019）

34.《有机产品且末红枣标准体系总则》（T / HZXH 01—2020）

35.《有机产品且末红枣枣园规划与建立技术规程》（T / HZXH 02—2020）

36.《有机产品且末红枣栽培技术规程》（T / HZXH 03—2020）

37.《有机产品且末红枣害虫防治技术规程》（T / HZXH 04—2020）

38.《且末红枣枣园疏密改造技术规程》（T / HZXH 05—2020）

39.《且末红枣大树移栽技术规程》（T / HZXH 06—2020）

40.《且末红枣高接改良技术规程》（T / HZXH 07—2020）

41.《有机产品且末红枣采收制干及包装贮藏运输技术规范》（T / HZXH 08—2020）

42.《有机产品且末红枣（原枣）加工技术规范》（T / HZXH 09—2020）

43.《有机产品且末红枣（原料枣）质量分级》（T / HZXH 10—2020）

44.《有机产品且末红枣》（T / HZXH 11—2020）

45.《有机产品且末红枣产地环境及生产质量控制技术规范》（T / HZXH

12—2020）

46.《有机产品且末红枣投入品的选择、施用和管理规范》（T／HZXH 13—2020）

47.《有机产品且末红枣产地编码技术规范》（T／HZXH 14—2020）

48.《红枣苗木》（DB65／T 2037）

49.《新疆干制红枣果品质量分级标准》（DB65／T 4296—2020）

50.《红枣采后贮运保鲜技术规程》（DB65／T 3249—2011）

51.《无公害食品 枣种植环境及条件》（DB65／T 3089—2010）

52.《新疆寒冷地区枣栽培技术规程》（DB65／T 3219—2011）

53.《枣采收技术规程》（DB65／T 3098—2010）

附录3

2024年南疆红枣产业发展大事记

1. 2024年,哈密市持续第4年推进枣园补植补造工程,通过老枣园补植和新建园补造相结合的方式,提升枣园质量和产出效益。截至2024年5月,已完成补植补造面积41287亩,有效解决了枣园成活率低、株数不足的问题。

2. 2024年5月,哈密市出台《哈密市2024—2026年政策性农业保障实施方案》(哈政办发〔2024〕18号)文件,将哈密优势特色林果红枣、葡萄、杏、西梅、杏李等都列入地方农业政策性保险范围,市、区(县)两级财政补贴支持按照以下比例分担:伊州区按市、区4:6比例分担;巴里坤县、伊吾县按市、县财政2:8比例分担。

3. 2024年5月12日,新疆枣产业高质量发展院士座谈会在乌鲁木齐召开,自治区副主席凯赛尔·阿不都克热木与中国科学院院士赵玉芬、中国工程院院士蒋剑春等共商发展良策。会议提出加强产学研结合,建设新疆枣产业发展研究院,攻关品种优化、机械化率提升和高附加值产品研发等关键技术。

4. 2024年6月11日,喀什地区出台2024年农产品"保险+期货"业务奖补政策,对成功推广棉花、红枣、甜菜等农产品"保险+期货"业务的县(市)进行奖补,最高不超过200万元;对积极推广农产品"保险+期货"业务试点和扩大试点范围、填补农产品"保险+期货"业务空白的县市,给予一次性奖励300万元。

5. 2024年8月23日,中国果品流通协会携手浙江大学CARD农业品牌研究中心联合发布《2024年果品区域公用品牌价值报告》,"若羌红枣"以46.11亿元的品牌价值位居品牌价值榜第25位,以876.31分位居品牌声誉榜第6名。

6. 2024年8月27日,若羌县委、县人民政府下发了《关于印发〈若羌红枣进一步提质增效的实施意见〉的通知》。

7. 2024年广东援疆项目在吐鲁番推动"红枣+文旅"融合,建设特色小镇,吸引游客参与采摘体验。通过"疆品南下"平台,红枣产品在广东市场年销售额超2.5亿元,并带动枣醋、枣酒等高附加值产品研发。

8. 2024年9月6日,由格林大华期货和中华财险共同主办的《2024年郑商所阿拉尔红枣"保险+期货"项目启动仪式》在第一师13团成功举行。第一师阿拉尔市果品行业联合协会、阿拉尔市红福天枣业有限公司、阿拉尔市红鑫源枣业以及企业、合作社、农户代表约120人参会。

9. 2024年10月,塔里木大学联合西北农林科技大学研究成果"南疆红枣品质形成及高效栽培关键技术创新与应用"获得兵团科技进步奖一等奖。

10. 新疆昆玉红枣科技小院研究生的竞赛作品"致富路上枣当家"在中国研究生乡村振兴"科技强农+创新"大赛"拼多多杯"第二届科技小院大赛中表现优异,荣获中国研究生乡村振兴"科技强农+创新"大赛三等奖。

11. 2024年"济农·丰收的足迹"活动:2024年10月14—15日,"济农·丰收的足迹"走进新疆和田,分享和田大枣丰收方案,展现和田大枣测产成果,特级果、一级果占比喜人,助力和田大枣产业发展。

12. 2024年"神韵昆仑 金硕策勒"策勒红枣丰收季文化活动暨"中国红·策勒枣"产业发展推进会正式开幕。干部群众、企业代表、带货主播等相聚于此,共享金秋丰收喜悦,感受枣乡独特风情。

13. 2024年度阿克苏地区温宿县红枣"保险+期货"招标项目的潜在投标人应在政采云平台线上获取招标文件,并于2024年12月26日 10:30(北京时间)前递交投标文件。

14. 2024年10月25日,若羌县农业农村局联合新疆林业科学院现代林业研究所研发的"若羌红枣产业数据建设与智能化应用示范"项目,在2024"数据要素×"大赛全国总决赛中斩获"商业价值奖"。

15. 2024年10月26日,巴州农业农村局、林草局,若羌县人民政府、且末县人民政府举办新疆巴州若羌且末红枣节。

16. 2024年10月27日，新疆枣产业高质量发展研讨会在若羌县举办，疆内外专家围绕红枣栽培、加工技术、品牌建设等展开研讨。会议提出深化精深加工（如休闲食品、药食同源产品），打造"若羌红枣"等核心品牌，并推动三产融合。

17. 2024年10月30日，"若羌红枣"入选2024年农业品牌精品培育计划名单。

18. 2024年11月21日，"若羌红枣"入选中国农业品牌2024年农产品区域公用品牌名单。

19. 2024年12月16日，新疆且末小宛有机农产品有限责任公司、若羌羌鑫农业发展有限公司等2家红枣企业的3个产品成功获得"新疆品质"区域公共品牌认证证书。

20. 2024年12月26日，麦盖提红枣产业研究院院士协同创新中心揭牌。

附录4

沧州红枣交易市场调研报告

一、市场简介

沧州红枣交易市场始建于1996年，地处沧县崔尔庄镇东村，这里也是一代文宗纪晓岚的故乡。市场紧邻307国道，石黄高速在这里设有进出口，地理位置优越，交通四通八达，十分便利。

红枣市场的建立既带动了周边纸箱包装、机械设备、物流快递、加工厂、冷链仓储等一大批相关产业的快速发展，更带动了劳动力市场。目前，市场已成为一个集枣类、干坚果类和休闲食品的批发、信息服务等于一体的大型商贸平台。沧州红枣交易市场凭借优质安全的交易和公平的竞争共同构成了良好的发展环境，常年吸引着周边县（市）及全国的枣商枣农，现市场常驻客商达2000余人，现有商业门市92家，摊位606个，是一个仓储、物流、快递、配货等全产业链完备的市场；经过几十年的管理、建设，现在已经发展成为全国乃至全世界最大的红枣及干坚果和休闲食品综合性交易批发市场。

二、交易情况

市场周边加工和销售的企业和电商平台共计2000多家，往年的新疆红枣收购量占比60%，销售量占比70%以上，2024年新疆红枣收购量在30%左右，期货交割红枣90%运往沧州红枣市场进行交易。目前，沧州的红枣库存量约30万吨。根据物流企业反馈的信息，2024年红枣发货量下降50%左右。

沧州共有红枣加工企业1341家，商业门市1754家，电商767家。2024年采购新疆红枣62.4万吨，加工49.92万吨，销售36万吨。

三、代表性企业

本报告选取了6家代表性企业进行介绍：

1. 沧州美枣王食品有限公司

公司成立于2009年，总资产1.21亿元。现有在职员工580余人，其中技术人员60人，高级管理人员25人，建有理化室、微生物室、无菌室、培养室等，用于新品研发和产品检测。2009年4月通过了QS认证，2018年10月通过了食品安全体系ISO 22000认证，并于2018年12月通过了出口食品生产企业备案。自2010年起，每年都被沧州市政府评为"沧州市农业产业化经营重点龙头企业"，2010年，被沧州市工商业联合会和沧州市总商会评为"诚信企业"；2014年，被河北省林业局评为"河北省林果业重点龙头企业"；2015年，被河北省质量技术监督局评为"名牌产品"和"优质产品"。该公司销售网络遍布全国，线下合作伙伴有：沃尔玛、永辉超市、家家悦超市、上海来伊份等大型超市，线上与良品铺子、楼兰蜜语、百草味等品牌合作。同时，出口美国、加拿大、澳大利亚以及东南亚等国家。

2. 沧州思宏枣业有限公司

公司成立于1998年，是一家集枣业食品研究、开发、生产制造和销售服务于一体的综合型企业，位于河北省沧州市沧县崔尔庄镇，地处红枣产区中心腹地。

公司总资产达1.33亿元人民币，固定资产达3500余万元人民币，占地面积200余亩。公司现有员工400余人，拥有两个厂区和一个办公区域。公司秉承"诚信为本，质量取胜"的经营理念，依靠先进的生产设备和科学的管理经验，企业规模和产品档次逐年提升。

公司的主要产品包括红枣、枣蜜饯、阿胶枣、枣夹核桃、每日坚果、红枣枸杞茶等系列。公司年产量超过3.5万吨，产品销往京津沪、广州、杭州等地，得到了广大消费者的认可。公司已通过ISO 9001质量管理和食品安全管理体系认证，并获得多项荣誉，如"中国枣产品优秀企业""河北省著名商标"等。

沧州思宏枣业有限公司注重科技创新和产品质量，不断投入巨资提升生产技术，加大新产品研发力度。公司硬件设施齐全，符合食品行业要求。公司还拥有多项知识产权，包括72个注册商标、4个专利信息和5个软件著作权。

3. 沧州兴全枣业有限公司

公司成立于2005年12月，是一家从事果脯、蜜饯、果干、红枣圈、红枣丝、红枣酊、红枣粉、红枣泥、红枣浆、新疆骏枣、灰枣等产品生产加工的企业，拥有完整、科学的质量管理体系。沧州兴全枣业有限公司的诚信、实力和产品质量获得业界的认可。该公司是一支由管理、研发、生产、质检、销售等多个部门组成的团队，厂房面积6000平方米，月产量3000箱。公司以服务消费需求为宗旨，坚持"公司+基地+农户"产业化经营模式，积极发展特色农产品的精细加工。生产的产品质量优良、价格合理，受到了广大消费者的一致肯定，产品在国内各地区及省份均有销售。

4. 沧州宏宇枣业有限公司

公司位于河北省沧州市沧县崔尔庄开发区11号，是一家新型移动互联网科技企业，主要生产批发大枣、核桃、巴旦木、桂圆干、葡萄干、南瓜子、松子、无花果、红枣圈、枸杞等休闲产品，致力于打造专业、高端的企业形象，拥有庞大的服务网点，现已拥有完善的线上线下销售渠道，沧州宏宇枣业有限公司高覆盖、高效率的服务获得多家公司和机构的认可。沧州宏宇枣业有限公司将以专业的精神为您提供安全、经济、专业的服务。

5. 沧州全鑫食品有限公司

公司成立于2004年3月，是一家集红枣种植加工、经营销售、产品研发于一体的枣产品综合性企业。公司拥有成熟稳健的经营团队，建立起积极创新的研发机构、安全先进的技术工艺、成熟完善的营销网络和良好的品牌声誉。公司生产销售各种枣类产品：原枣、阿胶枣、蜜枣、即食枣、脆冬枣、枣夹核桃、红枣阿胶糕等近百种。已成为沃尔玛、家乐福、乐购、易初莲花、大润发、华润超市等多家国内外知名连锁超市的优质供应商，"好牌"枣产品已覆盖全国90%

以上的市场，在市场享有良好的品牌美誉度，可谓是家喻户晓。公司先后获得"中国国际食品博览会金奖""河北省星火计划项目单位"。

6. 沧州甄禾园农业科技有限公司

公司位于中国最大的红枣交易市场——崔尔庄，公司以"互联网农业、科技农业、特色农业、品牌农业"为业务导向，以中国科学院大学未来技术学院、中国果品流通协会枣分会、河北农业大学、河北农林科学院、河北林业和草原科学研究院、河北省农村专业技术协会、沧州市科协、沧州市老科协、沧州老年科技大学为技术支撑，以"互联网+公司+院校+基地+新农体+贸易"六位一体为发展模式，通过市场化的方式搭建多区域、多特色、多品种新型农业合作体系。

公司在河北省援疆工作前方指挥部支持下，成立了新疆农特产品展销中心。

公司与沧州市供销社、沧州美枣王食品有限公司、沧州林源农业科技有限公司等10余家农特产品购销企业签订了合作协议，组织销售新疆红枣、核桃、葡萄干等农特产品100多亿元。

公司与中国红枣科技志愿服务队合作在新疆建有1万亩红枣优质丰产省力栽培示范基地，推广红枣优质丰产省力栽培技术30余万亩。

公司与中国电商助农志愿服务队合作培训农民直播带货技能，打造农村电商人才团队，促进乡村电商快速发展。在不断践行"服务'三农'、改进'三农'、提升'三农'"的利他原则中，发挥企业优势，助力乡村振兴。

参考文献

[1] 易宇欣、薛地、宋年年等：《红枣多糖的降解、结构表征及抗氧化活性》，《食品研究与开发》2025年第8期。

[2] 李亚兵、张娜、聂云疆等：《骏枣鲜果纵横径与等级关系研究》，《新疆农垦科技》2025年第2期。

[3] 丁冬镅、王霄煜：《新疆若羌红枣现代农业产业园发展现状、问题与策略》，《果树实用技术与信息》2025年第3期。

[4] 赵雯慧、吐尔逊·阿合买提、付开赟等：《新疆枣园桃小食心虫幼虫分布规律调查》，《新疆农垦科技》2025年第1期。

[5] 张枫、肖莉娟、王晶晶等：《不同病虫害防控措施对红枣生长性状及品质的影响》，《种子科技》2025年第1期。

[6] 郑文宇、马国财、罗钧等：《新疆南疆灰枣叶生物质炭的制备及其吸附性能研究》，《塔里木大学学报》2025年第2期。

[7] 李静、马玉娥、刘敏等：《新疆不同区域大果沙枣果肉中氨基酸含量分析及营养价值评价》，《食品安全质量检测学报》2025年第2期。

[8] 雷大涛、罗华平、高峰等：《基于偏振高光谱成像的南疆冬枣品质检测》，《食品研究与开发》2025年第2期。

[9] 李毅、肖莉娟、王凡等：《新疆南疆枣瘿蚊发生动态调查与防治植物源农药筛选》，《西北农林科技大学学报（自然科学版）》2025年第2期。

[10] 马少辉、杨蕊、杨凯等：《红枣矮化密植模式下小型振动采收机参数分析与试验》，《中国农机化学报》2025年第5期。

[11] 杨成、王振磊、张川疆等：《外源油菜素内酯对改善骏枣果实品质及减轻裂果的效果》，《果树学报》2025年第5期。

[12] 蒲娟、郝庆、谢能斌等：《新疆红枣产供销一体化协作经营模式的探索与实践》，《安徽农业科学》2024年第21期。

[13] 孙英华、呼亚捷、吴正保等：《基于漫灌模式下不同栽培措施对"骏枣"生长发育及产量和品质的影响》，《西北农业学报》2024年第10期。

[14] 靳娟、李丽莉、杨磊等：《新疆红枣产业发展现状分析》，《新疆农业科学》2024年第A1期。

[15] 杨佳鑫、刘立强、周伟权等：《基于Maxent的吐哈盆地枣适生区预测》，《中国农学通报》2024年第28期。

[16] 易杭、张虎国、万胜等：《生物炭对骏枣园土壤酶活性和细菌多样性的影响》，《干旱地区农业研究》2024年第4期。

[17] 李晓鹏、张永凯、李新岗：《中国枣产区迁移及驱动力分析》，《西北林学院学报》2024年第4期。

[18] 邵凡凡：《南疆沙区红枣根区土壤环境及其产量品质的多措施调控机理与定量表征》，西安理工大学2024年硕士学位论文。

[19] 康慧娥：《新疆枣农绿色生产行为及影响因素研究》，新疆农业大学2024年硕士学位论文。

[20] 卢瑜、向平安、余亮：《有机农业采纳会促进农户增收吗？——基于新疆枣农的实证分析》，《中国生态农业学报（中英文）》2024年第7期。

[21] 李晓鹏、张永凯、李新岗：《中国枣产区迁移及驱动力分析》，《西北林学院学报》2024年第4期。

[22] 秦坤焕：《新疆枣园蓟马种群动态及防治技术探究》，新疆农业大学2024年硕士学位论文。

[23] 杨佳鑫：《吐哈盆地枣主栽品种优势产区划分与品质分析》，新疆农业大学2024年硕士学位论文。

[24] 康慧娥：《新疆枣农绿色生产行为及影响因素研究》，新疆农业大学2024年硕士学位论文。

[25] 秦坤焕、朱晓锋、肖广明等：《不同药剂对新疆枣园花蓟马的室内毒力及田

间防效》，《中国植保导刊》2024年第4期。

[26] 邬梦雯：《"保险+期货"守护边疆枣农》，《期货日报》2024年5月7日。

[27] 邬梦雯：《麦盖提县探索期货服务县域经济新模式》，《期货日报》2024年5月6日。

[28] 邬梦雯：《"保险+期货"为兵团第三师枣园添喜色》，《期货日报》2024年4月8日。

[29] 张莹、孟园、马艳蕊等：《不同品种红枣酿醋的品质差异分析》，《食品工业科技》2024年第20期。

[30] 王军、顾义、刘丽霞等：《南疆干旱区枣园间作板蓝根栽培技术》，《新疆农垦科技》2024年第2期。

[31] 王博、张若薇、陈玉兰：《基于CiteSpace的中国红枣产业研究现状及展望知识图谱分析》，《新疆农机化》2024年第1期。

[32] 《一颗红枣"种"出一条产业链》，《农民科技培训》2024年第4期。

[33] 张光鑫、王芳霞、姚东东等：《环塔里木盆地红枣园土壤碳氮磷化学计量特征》，《中国果树》2024年第3期。

[34] 陈立平、邢小丹、张玉亭等：《基于LSTM的红枣期货价格预测方法》，《农业与技术》2024年第1期。

[35] 贾文婷、李文绮、吴洪斌：《不同前处理联合压差闪蒸干燥对红枣脆片品质的影响》，《农业工程学报》2024年第2期。

[36] 丁龙朋、王成霄、孙红涛等：《梳齿式落地红枣收获机液压系统的设计与试验》，《农机化研究》2023年第8期。

[37] 李斌斌、李宇辉、刘战霞等：《植物乳杆菌与酿酒酵母混合发酵对红枣酒挥发性风味物质的影响》，《食品工业科技》2023年第8期。

[38] 张冉冉：《红枣热风微波耦合干燥工艺优化及干燥动力学模型研究》，石河子大学2023年硕士学位论文。

[39] 王焕焕：《新疆沙雅县红枣种植户绿色施肥行为研究》，塔里木大学2023年硕士学位论文。

[40] 曾森林：《南疆红枣滴灌带布置模式优化和硼锌微肥促生提质效能研究》，西安理工大学2023年硕士学位论文。

[41] 姜彦武、陈军、文天豪等：《红枣收获机械研究综述》，《林业机械与木工设备》2023年第6期。

[42] 何娇、靳志锋、梁巧玲等：《不同间作方式对红枣农艺性状及产量的影响》，《现代农业科技》2023年第11期。

[43] 冉珍艳、侯旭杰、蒲云峰等：《低甲醇红枣发酵酒酿造工艺研究》，《食品科技》2023年第5期。

[44] 阳亮、马爱艳：《红枣种植户社会化服务需求影响因素研究》，《合作经济与科技》2023年第12期。

[45] 薛现林、张思源：《新疆红枣出口贸易现状及潜力研究》，《新农业》2023年第9期。

[46] 吴晗彬、王志勇、袁稼营等：《新疆4个优质红枣品种果实营养成分评价》，《四川农业大学学报》2023年第3期。

[47] 王利娜、赵文、王姝婧等：《新疆干旱区枣园不同土层土壤全量养分元素含量与变化特征》，《经济林研究》2023年第1期。

[48] 刘德成、郑霞、肖红伟等：《红枣片冷冻——红外组合干燥特性》，《食品与机械》2023年第3期。

[49] 孙蓝蔚：《农业信息化在新疆红枣病虫害防治中的应用》，《南方农机》2023年第5期。

[50] 朱霞、马少辉、杨蕊等：《南疆红枣种植与机械化现状调研与思考》，《农业机械》2023年第1期。

[51] 少倩：《不同水肥处理对骏枣树体生长及果实品质的影响》，塔里木大学2023年硕士学位论文。

[52] 曹睿：《不同灌水量配施氮肥对红枣耗水特性及产量品质的影响研究》，甘肃农业大学2023年硕士学位论文。

[53] 祖力胡玛·麦麦提：《新疆优势特色林果产业集群升级路径研究》，新疆农

业大学2023年硕士学位论文。

[54] 余文静：《阿拉尔枣农农业保险支付意愿及影响因素研究》，塔里木大学2023年硕士学位论文。

[55] 王孟涵：《新疆兵团第一师枣农参与红枣标准化生产的成本收益及影响因素分析》，塔里木大学2023年硕士学位论文。

[56] 阳亮：《新疆生产建设兵团第一师红枣种植户生产性社会化服务需求及其影响因素研究》，塔里木大学2023年硕士学位论文。

[57] 高峰：《南疆红枣品质近地面多尺度光谱定量检测模型研究》，塔里木大学2023年硕士学位论文。

[58] 杜怡菲：《新疆红枣种植适宜性划分及资源管理平台构建与应用》，石河子大学2023年硕士学位论文。

[59] 王芳霞：《环塔里木盆地红枣果园土壤养分及树体矿质营养元素年际变化分析》，石河子大学2023年硕士学位论文。

[60] 刘秋坡：《阿拉尔垦区枣瘿蚊发生规律及绿色防控技术研究》，塔里木大学2023年硕士学位论文。

[61] 陈苗：《南疆绿洲枣园碳、氮、磷分配格局》，塔里木大学2023年硕士学位论文。

[62] 赵文倩：《南疆果麦间作模式土壤养分特征及作物生产力研究》，塔里木大学2023年硕士学位论文。

[63] 杨凯：《振动式红枣采收机设计与试验》，塔里木大学2023年硕士学位论文。

[64] 杨蕊：《振动式红枣采收机振动参数分析与试验》，塔里木大学2023年硕士学位论文。

[65] 邵文晰：《自走式红枣集条捡拾机的改进设计与试验》，塔里木大学2023年硕士学位论文。

[66] 买买提江·肉孜：《新疆阿克苏地区果农节水灌溉技术采纳意愿及影响因素研究》，塔里木大学2023年硕士学位论文。

[67] 倪慧：《超高压处理对新疆骏枣汁品质及贮藏期微生物群落的影响》，石河子大学2023年硕士学位论文。

[68] 李颖：《十四师辖区红枣品质分析》，塔里木大学2023年硕士学位论文。

[69] 李英姿：《红枣汁贮藏期间品质的变化》，塔里木大学2023年硕士学位论文。

[70] 艾萨江·伊卜拉伊木：《南疆灰枣去皮精深加工产品的工艺优化与品质评价》，塔里木大学2023年硕士学位论文。

[71] 张微微：《新疆红枣农药残留风险评估与去除措施研究》，塔里木大学2023年硕士学位论文。

[72] 谯懿宸：《红枣振动采收方法研究及装置研制》，西北农林科技大学2023年硕士学位论文。

[73] 马建锋：《新疆特色林果业产销风险评估及对策建议研究》，新疆农业大学2023年硕士学位论文。

[74] 《巴音郭楞蒙古自治州人民代表大会常务委员会关于修改〈巴音郭楞蒙古自治州红枣产业促进条例〉〈巴音郭楞蒙古自治州库尔勒香梨产业高质量发展促进条例〉的决定》，《巴音郭楞日报（汉）》2023年8月。

[75] 崔舒涵：《我国红枣期货市场流动性与波动性关系研究》，河南财经政法大学2023年硕士学位论文。

[76] 周伦：《落地红枣捡拾——输送清选装置设计与试验》，石河子大学2023年硕士学位论文。

[77] 刘萌萌：《"保险+期货"服务地方特色农产品发展的效应分析——以新疆麦盖提县红枣为例》，西南财经大学2023年硕士学位论文。

[78] 张学祥：《基于枣疯植原体SecY蛋白ELISA检测方法的建立及应用》，塔里木大学2023年硕士学位论文。

[79] 邬梦雯：《红枣期货为产业锻造"新引擎"》，《期货日报》2023年8月15日。

[80] 谭亚敏：《麦盖提红枣"保险+期货"县域覆盖项目启动》，《期货日报》2023年8月11日。

[81] 《新疆维吾尔自治区人民代表大会常务委员会关于批准〈巴音郭楞蒙古自治州人民代表大会常务委员会关于修改《巴音郭楞蒙古自治州红枣产业促进条例》《巴音郭楞蒙古自治州库尔勒香梨产业高质量发展促进条例》的决定〉的决定》，《新疆日报(汉)》2023年7月29日。

[82] 吕双梅：《红枣"保险+期货"拓宽农民增收致富路》，《期货日报》2023年7月4日。

[83] 侯雅洁：《"红"了产业富了枣农》，《喀什日报(汉)》2023年5月12日。

[84] 潘许、郑亮、李道忠：《新疆兵团第一师红枣产业集群为发展注入"强心剂"》，《农民日报》2023年2月18日。

[85] 杜建辉：《若羌县现代农业产业园：23万亩红枣的全产业链之路》，《新疆日报(汉)》2023年1月4日。

[86] 谭亚敏：《期货成为红枣产业兴疆新引擎》，《期货日报》2023年4月24日。

[87] 吕双梅：《分析人士：关注新疆收购情况》，《期货日报》2023年11月6日。

[88] 霍然：《小红枣引领大产业》，《喀什日报(汉)》2023年10月28日。

[89] 王秋萍：《新疆：红枣产业发展实现三大转变》，《中国果业信息》2023年第12期。

[90] 曾斌、余镇藩、张冬冬等：《新疆红枣栽培管理技术》，《河北农业》2023年第11期。

[91] 苏勇宏、马晓静：《新疆若羌红枣常见病虫害的发生与防治》，《果树实用技术与信息》2023年第11期。

[92] 张居一、宋梦飞、吴秋屹等：《基于果农利益视角下南疆红枣产业的优化路径》，《现代商业》2023年第20期。

[93] 胡启瑞、邓新建、甄建民等：《新疆且末县近50年红枣农业气候资源变化特征分析》，《农业工程》2023年第8期。

[94] 孙佳、王磊、万胜等：《南疆不同产地红枣品质差异及其与气候因子的关系》，《经济林研究》2023年第3期。

[95] 郭慧静、金新文、沈从举等：《南疆红枣产业现状及前景展望》，《华中农业

大学学报》2023年第5期。

[96]　贾宇尧、石然启、高京草等：《不同品种红枣香气分析与评价》，《食品研究与开发》2023年第18期。

[97]　王秋萍：《新疆：今年红枣产量预计减少四成》，《中国果业信息》2023年第8期。

[98]　郭辉、苏丽娅·阿布都艾尼：《加快建设新疆特色林果产业集群的对策研究》，《新疆社科论坛》2023年第4期。

[99]　朱焱超、涂世伟、于梦瑶等：《新疆红枣中总黄酮的提取及抗氧化活性研究》，《农产品加工》2022年第19期。

[100]　白冰瑶、李泉岑、马欣悦等：《响应面法优化超声辅助低共熔溶剂提取红枣多糖工艺》，《食品研究与开发》2022年第18期。

[101]　余文静、石晶：《南疆红枣产业发展现状与前景》，《农业展望》2022年第11期。

[102]　王磊、张齐武：《新疆林果机械化过程中需要研发和推广的技术工艺和装备》，《新疆林业》2022年第6期。

[103]　郝韵：《新疆红枣价格策略分析》，《现代商业》2022年第30期。

[104]　罗宇鑫：《药用红枣加工技术的研究》，塔里木大学2022年硕士学位论文。

[105]　李桂林：《新疆红枣白兰地低甲醇酿造工艺研究》，新疆农业大学2021年硕士学位论文。

[106]　石辉杰：《阿拉尔市枣农销售渠道选择行为影响因素研究》，塔里木大学2021年硕士学位论文。

[107]　冯磊磊、朱晓玲、刘雨涵：《新疆枣农绿色生产意愿影响因素分析》，《农业展望》2021年第2期。

后　记

本书是中国乡村发展志愿服务促进会（简称促进会）组织编写的乡村振兴特色优势产业培育工程丛书之一，是促进会关于中国南疆红枣产业发展的第三本蓝皮书。根据促进会的总体部署，本书由河北农业大学、塔里木大学、新疆维吾尔自治区林果产业发展中心、新疆巴音郭楞蒙古自治州林果技术研究推广中心、喀什地区林果产业工作站、和田地区林业和草原局、吐鲁番市林果业技术推广服务中心、哈密市林果业技术推广中心共同编写出版。

本书由河北农业大学的毛永民研究员负责组织编写工作。编写人员查阅了海量相关文献，并深入生产一线，与种植户和企业展开座谈，广泛收集一手资料。对收集到的数据进行严谨分析、归纳总结后，经协调沟通、认真撰写，形成初稿。之后，促进会组织专家对初稿进行评审，提出修改意见。编写团队依据这些意见，对初稿反复修改、完善，最终完成了本书的编写。

本书的结构框架由主编毛永民审定，统稿工作由王晓玲、毛永民完成。编写人员具体分工如下：

绪　论

　　毛永民

第一章　南疆红枣产业发展基本情况

　　毛永民、王磊、王晓玲、吴翠云、曹作彬

第二章　南疆红枣产业发展外部环境

　　王磊、吴翠云、王雨、王晓玲、周荣飞、李明昆、吴玉华、张迎春

第三章　南疆红枣产业发展重点地区

　　周荣飞、李明昆、王雨、吴玉华、张迎春、吴翠云、王磊、王晓玲、江振斌

第四章　南疆红枣产业发展重点企业和协会

　　　　毛永民、王晓玲、王雨、吴翠云、王磊

第五章　南疆红枣产业发展的代表性品牌

　　　　王雨、王晓玲、毛永民

第六章　南疆红枣产业发展效益评价

　　　　王磊、毛永民、王晓玲

第七章　南疆红枣产业存在问题与对策

　　　　毛永民、王晓玲、王雨、吴翠云

　　本书由编委会主任刘永富会长审核。在此，我们向统筹规划、精心撰写蓝皮书的作者们，以及参与评审的专家们致以诚挚感谢！正是大家的专业素养与满腔热情，为本书的顺利出版奠定了坚实基础。同时，感谢中国出版集团研究出版社对本书的高度重视与大力支持，其工作人员在时间紧、任务重、要求高的情况下，为本书出版付出诸多精力与心血，在此一并表示衷心感谢！此外，我们也向所有被本书引用和参考的文献作者深表谢意，各位的研究成果为本书提供了宝贵的参考与借鉴。由于编写时间紧迫、任务繁重、资料有限，本书难免存在错误和不妥之处，真诚欢迎专家学者和广大读者批评指正。

本书编写组

2025年5月